AURORA A

# ETHIK UND INTELLIGENZ

Fragen der Moral im Zeitalter der KI

2025

# Ethik und Intelligenz

Aurora Amoris

Ethik und Intelligenz

# INHALT

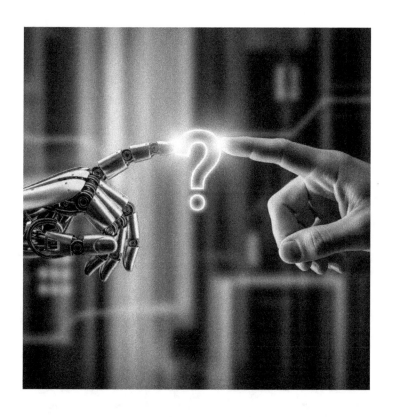

# KAPITEL 1

## Künstliche Intelligenz und Ethik: Grundfragen

## 1.1. Künstliche Intelligenz und Menschenrechte

Künstliche Intelligenz (KI) ist zu einem integralen Bestandteil unserer modernen Gesellschaft geworden und beeinflusst zahlreiche Aspekte unseres Lebens. Angesichts ihrer zunehmenden Präsenz ist es wichtig, die potenziellen Auswirkungen von KI auf die Menschenrechte zu bewerten.

Eine der größten Sorgen im Zusammenhang mit KI und Menschenrechten ist der Datenschutz. KI-Systeme benötigen oft große Mengen personenbezogener Daten, um effizient zu funktionieren, was weitreichende Bedenken hinsichtlich des Datenschutzes hervorrufen kann. Diese Systeme können sensible Daten über Einzelpersonen sammeln, speichern und verarbeiten, wie beispielsweise Fitnessdaten, finanzielle Informationen und persönliche Daten. Bei unsachgemäßer Handhabung können diese Informationen missbraucht werden, was zu Verletzungen der Privatsphäre und der Kontrolle über die eigenen Daten führen kann.

Die zunehmende Nutzung von KI für Aufgaben wie Überwachung und prädiktive Analytik verschärft das Datenschutzproblem zusätzlich. KI-Technologie ermöglicht die Massendatenerfassung und Echtzeitüberwachung von Menschen und verletzt damit potenziell deren Rechte auf Privatsphäre und Schutz vor ungerechtfertigter Überwachung.

In einigen Fällen kann der Einsatz von KI zur Überwachung sogar zu Übergriffen der Behörden und autoritären Praktiken führen und so die persönlichen Freiheiten gefährden.

Mit zunehmender Weiterentwicklung von KI-Strukturen wird der Schutz von Daten immer wichtiger. Strenge regulatorische Rahmenbedingungen sind erforderlich, um die Datenschutzrechte des Einzelnen zu schützen und klare Vorgaben für den Umgang mit personenbezogenen Daten, deren Verarbeitung und Weitergabe zu machen. Der ethische Einsatz von KI muss den Menschenrechten, insbesondere dem Recht auf Privatsphäre, Priorität einräumen, um Missbrauch zu verhindern.

KI kann bestehende soziale Vorurteile verstärken und Diskriminierung verewigen. Maschinelle Lernalgorithmen stützen sich bei ihrer Entscheidungsfindung häufig auf historische Daten. Sind diese Daten verzerrt, können sich diese Vorurteile auch in den Ergebnissen der KI widerspiegeln. Dies ist besonders besorgniserregend, da KI in Bereichen wie Personalbeschaffung, Strafverfolgung und Kreditvergabe eingesetzt wird, wo verzerrte Entscheidungen erhebliche Auswirkungen auf den Einzelnen haben können.

Beispielsweise können KI-Systeme, die in Rekrutierungsstrategien eingesetzt werden, bestimmte Bevölkerungsgruppen gegenüber anderen bevorzugen, basierend auf verzerrten Statistiken, die historische Ungleichheiten widerspiegeln. Ebenso können Algorithmen der prädiktiven Polizeiarbeit marginalisierte Gruppen überproportional ins Visier nehmen und so systemischen Rassismus und Diskriminierung verstärken.

Die Bekämpfung von KI-Voreingenommenheit ist wichtig, um die Menschenrechte, insbesondere das Recht auf Gleichberechtigung und Nichtdiskriminierung, zu wahren. Es ist wichtig, KI-Systeme zu erweitern, die transparent und rechenschaftspflichtig sind und über Mechanismen zur Erkennung und Korrektur voreingenommener Algorithmen verfügen. Darüber hinaus kann die Gewährleistung von Vielfalt in den Gruppen, die KI-Technologie entwickeln, dazu beitragen, Voreingenommenheit zu verringern und sicherzustellen, dass diese Strukturen ehrlich und gerecht sind.

Ein weiteres weit verbreitetes Menschenrechtsproblem im Zusammenhang mit KI ist die virtuelle Kluft – die Kluft zwischen denen, die Zugang zu fortschrittlichen Technologien haben, und denen, die keinen haben. KI hat zwar das Potenzial, Entwicklung voranzutreiben und die Lebensqualität zu verbessern, doch ihre Vorteile sind möglicherweise nicht gleichmäßig verteilt. Menschen in unterversorgten Gemeinden oder Entwicklungsländern verfügen möglicherweise nicht über die Mittel oder die Infrastruktur für den Zugang zu KI-Technologie, was die bestehenden Ungleichheiten verschärft.

Diese Ungleichheit beim Zugang zu KI-Technologien kann zudem zur Marginalisierung gefährdeter

Bevölkerungsgruppen führen und ihnen die Möglichkeit verwehren, von Verbesserungen in Gesundheitsversorgung, Bildung und Beschäftigung zu profitieren. Im Kontext der Menschenrechte wird das Recht auf Zugang zu Technologie und zur digitalen Welt zunehmend als entscheidend angesehen. Es müssen Anstrengungen unternommen werden, um die digitale Kluft zu überbrücken, indem sichergestellt wird, dass KI allen Menschen unabhängig von ihrem geografischen Standort und sozioökonomischen Status zur Verfügung steht.

Der zunehmende Einsatz von KI und Automatisierung stellt auch die Rechte der Arbeitnehmer vor Herausforderungen, insbesondere die Verdrängung von Arbeitskräften. KI-Systeme und Roboter werden zunehmend eingesetzt, um Aufgaben zu übernehmen, die traditionell von Menschen erledigt wurden. Dies führt zu Problemen wie Arbeitsplatzverlust und wirtschaftlicher Ungleichheit. In Branchen wie Produktion, Transport und Kundenservice könnte KI Menschen ersetzen und viele Menschen dadurch arbeitslos machen.

Aus menschenrechtlicher Sicht ist das Recht auf Arbeit von grundlegender Bedeutung. Es ist entscheidend, den negativen Auswirkungen von KI auf die Beschäftigung durch die Entwicklung von Strategien entgegenzuwirken, die die Arbeitnehmerrechte angesichts der Automatisierung schützen. Diese Strategien könnten auch Umschulungsprogramme, soziale Sicherheitsnetze und Projekte umfassen, die sicherstellen, dass KI-Technologie ergänzend und nicht ersetzend für menschliche Arbeit eingesetzt wird.

KI bietet sowohl Chancen als auch Herausforderungen im Hinblick auf Menschenrechte. Einerseits kann sie die Lebensqualität verbessern, den Zugang zu Dienstleistungen verbessern und zum sozialen Fortschritt beitragen. Andererseits kann KI, wenn sie nicht richtig gesteuert wird, Datenschutzverletzungen verschlimmern, Diskriminierung fördern und wirtschaftliche Ungleichheiten schaffen. Um sicherzustellen, dass KI die Menschenrechte respektiert und schützt, ist die Schaffung solider ethischer Richtlinien, regulatorischer Rahmenbedingungen und Kontrollmechanismen unerlässlich. Da KI weiterhin konform bleibt, ist es entscheidend, den Menschenrechten bei ihrer Entwicklung und ihrem Einsatz Priorität einzuräumen, um eine faire und gerechte Gesellschaft für alle zu schaffen.

## *1.2. Moralische Fragen der KI*

Die Entwicklung und Integration künstlicher Intelligenz (KI) in zahlreiche gesellschaftliche Bereiche wirft tiefgreifende ethische Fragen auf, die einer sorgfältigen Prüfung bedürfen. KI verändert die Welt der Technologie, wirft aber auch komplexe Fragen zu Verantwortung, Ethik und der Zukunft der Menschheit auf. Die ethischen Herausforderungen, die KI mit sich bringt, gehen über die Kompetenzen der Technologie selbst hinaus; sie betreffen die Gestaltung, Anwendung und Anwendung von KI-Strukturen in der Gesellschaft.

Eine der dringendsten ethischen Fragen im Zusammenhang mit KI ist die Verantwortlichkeit. Da KI-Systeme zunehmend autarker und entscheidungsfähiger werden, wird es immer schwieriger, die Verantwortung für Fehler oder Schäden zu bestimmen. Bei selbstfahrenden Fahrzeugen ist es beispielsweise im Falle eines unerwarteten Unfalls fraglich, ob die Verantwortung beim Hersteller, den Softwareentwicklern oder den Besitzern und Betreibern des Fahrzeugs liegt.

Diese Unklarheit hinsichtlich der Verantwortung wirft grundlegende moralische Fragen auf. Wenn ein KI-System eine Entscheidung trifft, die zu Schäden führt, wie soll dann die Haftung geregelt werden? Kann ein System für seine Handlungen moralisch zur Verantwortung gezogen werden, oder liegt die Schuld stets bei seinen Entwicklern oder Betreibern? Diese Fragen stellen traditionelle Verantwortungsvorstellungen in Frage, die in der Regel ausschließlich auf menschlichem Handeln und Handeln beruhen. Mit zunehmender Unabhängigkeit von KI-Systemen wird der Bedarf an neuen rechtlichen Rahmenbedingungen und ethischen Richtlinien zur Lösung dieser Fragen unabdingbar.

KI bietet das Potenzial, erhebliche Vorteile zu erzielen, birgt jedoch auch Risiken, insbesondere bei unzureichend regulierten oder kontrollierten Ansätzen. Die Fähigkeit von KI,

Schaden zu verursachen, ist insbesondere in Bereichen wie Gesundheitswesen, Strafjustiz und Krieg von Bedeutung. Beispielsweise könnten KI-gestützte Algorithmen, die bei der prädiktiven Polizeiarbeit oder bei der Urteilsfindung eingesetzt werden, bestehende Vorurteile verstärken und diskriminierende Praktiken fördern, während KI in Militärdrohnen für autonome Angriffe mit geringer menschlicher Aufsicht eingesetzt werden könnte.

Die Möglichkeit, dass KI böswillig eingesetzt wird, beispielsweise im Zuge von Deepfakes oder Cyberangriffen, verstärkt auch ethische Bedenken. Diese KI-Anwendungen könnten dazu genutzt werden, Menschen zu manipulieren, Fehlinformationen zu verbreiten und Gesellschaften zu destabilisieren. In den falschen Händen könnte KI als Waffe eingesetzt werden und erheblichen Schaden anrichten. Daher ist eine der größten ethischen Bedenken im Zusammenhang mit KI, sicherzustellen, dass sie verantwortungsvoll eingesetzt wird und geeignete Sicherheitsvorkehrungen getroffen werden, um ihren Missbrauch zu verhindern.

Ein weiteres weit verbreitetes ethisches Problem im Zusammenhang mit KI ist die Frage nach der Autonomie. Da KI-Systeme zunehmend in der Lage sind, Entscheidungen ohne direkte menschliche Eingriffe zu treffen, werden sie zunehmend als eigenständige Akteure wahrgenommen. Dies wirft Fragen zum Wesen der KI-Entscheidungsfindung auf und stellt die Frage, ob Maschinen tatsächlich moralische Entscheidungen treffen können. Kann man einem System vertrauen, dass es moralisch vertretbare Entscheidungen trifft, oder ist die Idee ethischen Handelns etwas von Natur aus Menschliches?

In einigen Fällen können KI-Strukturen so programmiert werden, dass sie ethischen Prinzipien folgen, einschließlich der von Asimov inspirierten „Drei Gesetze der Robotik". Diese Regelungen sind jedoch alles andere als optimal und berücksichtigen möglicherweise nicht die Komplexität realer globaler Bedingungen. Darüber hinaus können KI-Strukturen nur innerhalb der von ihren Entwicklern festgelegten Parameter arbeiten und so die Vorurteile, Voreingenommenheiten und ethischen Defizite derjenigen, die sie entwickeln, nachbilden.

Die Frage der KI-Autonomie verstärkt zudem die Bedenken hinsichtlich der Rolle menschlicher Kontrolle. Sollten KI-Systeme Entscheidungen völlig eigenständig treffen dürfen oder sollten Menschen stets das letzte Wort haben? Es besteht ein empfindliches Gleichgewicht zwischen der Ermächtigung der KI, Entscheidungen zu treffen, und der Wahrung der menschlichen Kontrolle, um sicherzustellen, dass diese Entscheidungen mit ethischen und moralischen Werten übereinstimmen.

Einer der umstrittensten KI-Einsätze findet sich in der Marine- und Verteidigungstechnologie. Der Einsatz von KI in autonomen Waffensystemen wie Drohnen und Robotern wirft enorme ethische und moralische Fragen zur Rolle von Maschinen im Krieg auf. Die Fähigkeit der KI, ohne menschliches Zutun über Leben und Tod zu entscheiden, hat Debatten über die Moralität der Übertragung solch wichtiger Entscheidungen an Maschinen ausgelöst.

Befürworter von KI in der Kriegsführung argumentieren, dass KI-Strukturen spezifischer und leistungsfähiger als Menschen sein könnten, was potenziell zivile Opfer reduzieren und die Leistung militärischer Operationen verbessern könnte. Kritiker argumentieren jedoch, dass der Einsatz selbsterhaltender Waffenstrukturen zu einer unkontrollierbaren Eskalation führen könnte, da Maschinen Entscheidungen auf der Grundlage von Algorithmen statt menschlichem Urteilsvermögen treffen. Es besteht auch die Sorge, dass KI-gesteuerte Waffen von repressiven Regimen eingesetzt werden könnten, um ungerechte Kriege zu führen oder Dissens zu unterdrücken.

Das ethische Dilemma der KI im Krieg liegt in der Frage, ob es moralisch vertretbar ist, Maschinen Entscheidungen über Leben und Tod treffen zu lassen. Können Maschinen die Komplexität der Kriegsführung und die damit verbundenen Kosten erfassen oder führen sie tatsächlich programmierte Anweisungen aus? Die ethischen Implikationen der KI im Krieg sind weitreichend und müssen angesichts der stetigen

Weiterentwicklung dieser Technologien sorgfältig berücksichtigt werden.

Mit der zunehmenden Integration von KI-Systemen in verschiedene Sektoren wächst die Gefahr einer möglichen Entmenschlichung der Arbeit. Maschinen können zunehmend Aufgaben übernehmen, die früher von Menschen erledigt wurden – von manueller Arbeit bis hin zu komplexen Entscheidungsprozessen. Dies wirft die Frage auf, wie sich die zunehmende Rolle der KI im Personalwesen auf die Menschenwürde und die Kosten menschlicher Arbeit auswirken könnte.

Die ethischen Auswirkungen von KI im Arbeitsteam gehen über die Sorge um Arbeitsplatzverluste hinaus. Es besteht die Gefahr, dass KI zu einer Gesellschaft beiträgt, in der Menschen als entbehrlich gelten und ihre Rollen auf repetitive oder untergeordnete Aufgaben reduziert werden. In einer solchen Situation könnte der menschliche Aspekt der Arbeit verschwinden, und die einzelnen Mitarbeiter könnten wenig Sinn für Sinnhaftigkeit und Erfüllung in ihrer Arbeit finden.

Darüber hinaus könnten KI-Systeme, die bei der Einstellung von Mitarbeitern, Leistungsbeurteilungen und anderen Faktoren des Personalwesens eingesetzt werden, zu neuen Formen der Diskriminierung beitragen und bestehende soziale Ungleichheiten verstärken. Die ethische Aufgabe besteht darin, sicherzustellen, dass KI so eingesetzt wird, dass sie die Menschenwürde und das Wohlbefinden stärkt, anstatt sie zu beeinträchtigen.

Im Gesundheitswesen ermöglicht KI fortschrittliche Diagnostik, personalisierte Behandlungspläne und effizientere Gesundheitsstrukturen. Der Einsatz von KI in diesem Bereich wirft jedoch auch erhebliche ethische Fragen auf. Beispielsweise sollten KI-Systeme für medizinische Entscheidungen so konzipiert sein, dass sie das Wohl des Patienten in den Vordergrund stellen und seine Rechte respektieren. Es besteht die Gefahr, dass KI dazu eingesetzt wird, Entscheidungen zu treffen, bei denen Kosteneffizienz Vorrang vor der Patientenversorgung hat. Dies führt dazu, dass Menschen als Fakten und nicht als Individuen behandelt werden.

Eine weitere ethische Herausforderung im Gesundheitswesen ist die Frage der informierten Einwilligung. Da KI-Systeme zunehmend in die klinische Diagnostik und Therapie eingebunden werden, müssen Patienten umfassend über die Rolle der KI in ihrer Versorgung informiert sein. Sie müssen das Recht haben, selbst zu entscheiden, ob sie von KI-gesteuerten Systemen behandelt werden möchten oder nicht, und sich darauf verlassen können, dass diese Systeme transparent, zuverlässig und verantwortungsvoll sind.

Die ethischen Probleme im Zusammenhang mit KI sind komplex und vielschichtig und reichen von Fragen der

Verantwortung und Verpflichtung bis hin zu Problemen mit Autonomie, Privatsphäre und dem Risiko von Schäden. Da sich KI kontinuierlich weiterentwickelt, ist es wichtig, diese Probleme durch durchdachte ethische Rahmenbedingungen und regulatorische Maßnahmen anzugehen. Ziel muss es sein, sicherzustellen, dass KI weiterentwickelt und so eingesetzt wird, dass sie mit menschlichen Werten im Einklang steht und das Wohl der Gesellschaft fördert. Die ethischen Herausforderungen, die KI mit sich bringt, sind nicht nur technischer Natur; sie betreffen im Wesentlichen die Frage, wie wir als Gesellschaft angesichts des rasanten technologischen Fortschritts ethische Standards definieren und aufrechterhalten.

## *1.3. Die Entwicklung des ethischen Denkens*

Ethische Vorstellungen haben sich im Laufe der Geschichte deutlich weiterentwickelt und sind durch philosophische, kulturelle und technologische Entwicklungen geprägt. Mit dem Fortschritt der Menschheit entwickelt sich auch unser Verständnis von Moral, da wir mit neuen Herausforderungen und Dilemmata konfrontiert sind, die sich durch Veränderungen in Gesellschaft, Technologie und unserer Umwelt ergeben.

Die Ursprünge der Moraltheorie lassen sich auf historische Zivilisationen zurückführen, in denen Philosophen begannen, über Fragen von Gut und Böse, Gerechtigkeit und Eigenart nachzudenken. Im antiken Griechenland legten

Denker wie Sokrates, Platon und Aristoteles den Grundstein für die westliche Moralphilosophie. Sokrates' Betonung der Selbstprüfung und des Strebens nach moralischer Tugend durch Erfahrung beeinflusste Generationen von Denkern. Platons Idealismus präsentierte die Vision eines geordneten, rationalen Universums, in dem ethisches Handeln mit dem Streben nach Wahrheit und Gerechtigkeit im Einklang steht. Aristoteles hingegen entwickelte einen praktischeren Ansatz der Ethik, der sich auf das Konzept der Eigenartethik konzentrierte. Laut Aristoteles bestand ein ethisches Leben darin, tugendhaftes Verhalten zu fördern, das zur Entwicklung eines gerechten Menschen führte.

Im Osten erforschten auch alte ethische Systeme wie Konfuzianismus, Buddhismus und Hinduismus moralische Prinzipien und konzentrierten sich dabei auf Harmonie, Mitgefühl und das Streben nach spiritueller Erleuchtung. Die konfuzianische Ethik beispielsweise betonte die Bedeutung von Beziehungen, Respekt vor Autorität und sozialer Harmonie, während der Buddhismus die Linderung von Leid und die Entwicklung von Mitgefühl durch Achtsamkeit und Meditation förderte.

Im Mittelalter wurde die ethische Theorie, insbesondere in den abrahamitischen Religionen, stark von religiösen Lehren geprägt. Im Christentum, Judentum und Islam basierten ethische Prinzipien auf göttlichen Geboten und dem Willen

Gottes. Philosophen wie Augustinus und Thomas von Aquin verbanden die klassische Philosophie mit religiösen Lehren, um ethische Systeme zu entwickeln, die sich nicht nur mit menschlichen Handlungen, sondern auch mit dem Endziel der Erlösung und des Jenseits befassten.

Das mittelalterliche Moraldenken drehte sich häufig um Fragen der Moral im Kontext von spiritueller Verantwortung, Gerechtigkeit und Sünde. In dieser Zeit entwickelte sich die Idee des Naturrechts, die besagte, dass moralische Normen aus der menschlichen Natur und der von Gott geschaffenen Welt abgeleitet werden können. Die Auffassung vom göttlichen Gebot, das ethische Bewegungen als solche ansah, die sich mit Gottes Willen in Einklang brachten, dominierte einen Großteil des ethischen Diskurses dieser Zeit.

Die Aufklärung markierte einen entscheidenden Wandel im ethischen Denken, da sich der Fokus von göttlichen Geboten auf menschliche Motivation und individuelle Autonomie verlagerte. Denker wie Immanuel Kant, John Locke und Jean-Jacques Rousseau hinterfragten traditionelle Autoritäten und die Rolle des Glaubens bei der Gestaltung moralischer Strukturen. Kants deontologische Ethik beispielsweise betonte die Bedeutung von Verantwortung und ethischer Ordnung und bekräftigte, dass Menschen im Einklang mit gemeinsamen, von allen vernunftbegabten Wesen rational gewollten Normen handeln sollten. Für Kant drehte sich Moral nicht mehr um die Folgen von Handlungen, sondern um die ihnen zugrunde liegenden Absichten, geleitet von Zielsetzung und dem expliziten Imperativ.

John Lockes Konzept des Gesellschaftsvertrags prägte die moderne politische Ethik und betonte die Bedeutung individueller Rechte und die Rolle der Regierung bei deren Schutz. Rousseaus Ideen zu Demokratie und Gleichheit betonten die moralische Bedeutung kollektiver Entscheidungen und des Allgemeinrechts.

Mit der Aufklärung erlebte auch der Utilitarismus einen Aufschwung, vertreten durch Persönlichkeiten wie Jeremy Bentham und John Stuart Mill. Der Utilitarismus ging davon aus, dass die richtige Handlung diejenige ist, die das größte Glück für die größte Vielfalt von Menschen hervorbringt. Diese konsequentialistische Idee verlagerte den Schwerpunkt ethischer Entscheidungen von Verantwortung oder ethischen Gesetzen auf die Konsequenzen von Handlungen und führte zu einem vernünftigeren ethischen Ansatz, der auch auf soziale und politische Fragen angewendet wurde.

In der modernen Generation entwickelte sich das moralische Denken weiter, angetrieben durch technologische, wissenschaftliche und philosophische Entwicklungen. Die Industrialisierung und Globalisierung brachten neue ethische Herausforderungen mit sich, darunter Fragen der sozialen Gerechtigkeit, der Menschenrechte und der wirtschaftlichen Ungleichheit. Der Aufstieg des Existentialismus, angeführt von

Philosophen wie Jean-Paul Sartre und Simone de Beauvoir, betonte die Freiheit des Menschen, seine Verantwortung und die Sinnsuche in einem oft isolierten Universum. Die existentialistische Ethik lehnte allgemeine moralische Gesetze ab und konzentrierte sich stattdessen auf die Bedeutung persönlicher Entscheidung und Authentizität.

Im 20. Jahrhundert entwickelte sich auch der ethische Relativismus. Dieser lehnte das Konzept absoluter moralischer Wahrheiten ab und argumentierte stattdessen, dass moralische Werte und Normen durch kulturelle, historische und soziale Kontexte geprägt seien. Diese Sichtweise stellte die Universalität ethischer Konzepte in Frage und legte nahe, dass ethische Urteile subjektiv und abhängig von Persönlichkeit oder gesellschaftlichen Perspektiven seien.

Die Postmoderne vertiefte das ethische Denken zusätzlich, indem sie die Grundlagen von Verständnis und Moral hinterfragte. Postmoderne Philosophen wie Michel Foucault und Jacques Derrida kritisierten die großen Erzählungen der traditionellen Ethik und argumentierten, ethische Systeme seien das Ergebnis von Machtverhältnissen und sozialen Konstrukten. Die Postmoderne lehnte die Idee objektiver, althergebrachter Wahrheiten ab und konzentrierte sich stattdessen auf die Flüchtigkeit und Kontingenz ethischer Werte.

Mit dem Beginn des 21. Jahrhunderts brachte die rasante Entwicklung der Technologie, insbesondere in Bereichen wie künstlicher Intelligenz, Biotechnologie und Gentechnik, neue ethische Herausforderungen mit sich, die mit herkömmlichen moralischen Rahmenbedingungen nicht vollständig bewältigt werden konnten. Insbesondere der Aufstieg der KI wirft Fragen zum Charakter des maschinellen Bewusstseins, zur Moralität selbstbestimmter Entscheidungsfindung und zu den moralischen Implikationen der Schaffung sinnvoller Strukturen auf, die menschliche Kompetenzen übertreffen können.

Ethische Denker setzen sich im Kontext bestehender ethischer Rahmenbedingungen mit den Folgen von KI auseinander. Beispielsweise hat das Konzept der Geräteethik – die Frage, ob KI so programmiert werden kann, dass sie ethisch handelt – großes Interesse geweckt. Die Entwicklung selbsttragender Strukturen, die ohne menschliches Eingreifen Entscheidungen treffen, stellt unser Verständnis von Verantwortung, Verantwortung und moralischem Handeln in Frage. Fragen wie die, ob KI Rechte zustehen sollten oder wie sie für ihr Handeln zur Verantwortung gezogen werden kann, stehen im Mittelpunkt aktueller ethischer Debatten.

Darüber hinaus hat der rasante technologische Wandel Bedenken hinsichtlich der Aushöhlung der Privatsphäre, der Folgen von Überwachungstechnologien und des Potenzials der KI, soziale Ungleichheiten zu verschärfen, geweckt. Die ethischen Herausforderungen durch KI erfordern neue

Verfahren der moralischen Argumentation, die die Komplexität und Unsicherheiten neuer Technologien berücksichtigen.

Der rasante Aufstieg der KI erfordert die Anpassung moralischer Theorien, um den neuen Realitäten einer zunehmend computerisierten Welt Rechnung zu tragen. Deontologische Ethik, Utilitarismus und die Ethik der besonderen Merkmale bieten alle einen Rahmen für die ethischen Implikationen der Wissens-KI, stehen jedoch bei der Entscheidungsfindung vor anspruchsvollen Herausforderungen. Beispielsweise haben Deontologen möglicherweise Schwierigkeiten, kategorischen Imperativen an autarke Maschinen zu folgen, während Utilitaristen sich mit der Schwierigkeit auseinandersetzen müssen, die Ergebnisse von KI-Bewegungen in komplexen und dynamischen Strukturen zu berechnen.

Die Tugendethik, die die Entwicklung wünschenswerter individueller und ethischer Kenntnisse betont, könnte einen flexibleren Ansatz für die KI-Ethik bieten. Indem sie sich auf die Tugenden konzentriert, die KI-Systeme verkörpern sollten – wie Fairness, Transparenz und Empathie – sollte die Charakterethik die Entwicklung von KI-Technologien unterstützen, die mit menschlichen Werten im Einklang stehen.

Die Entwicklung moralischer Prinzipien spiegelt den fortwährenden Versuch der Menschheit wider, die Komplexität der Moral zu verstehen und zu bewältigen, insbesondere angesichts des Aufkommens neuer Technologien. Vom historischen Bewusstsein für besondere Eigenschaften und Gerechtigkeit bis hin zur modernen Betonung von Rechten, Autonomie und Konsequenzen haben sich ethische Systeme an die Herausforderungen ihrer Zeit angepasst. Da KI und andere fortschrittliche Technologien unsere Welt weiterhin prägen, ist es unerlässlich, dass sich ethische Rahmenbedingungen weiterentwickeln, um die damit verbundenen spezifischen ethischen Probleme zu bewältigen. Die Zukunft der Ethik im Zeitalter der KI wird wahrscheinlich eine Synthese traditioneller ethischer Prinzipien mit neuen Ansätzen beinhalten, die die Möglichkeiten und Risiken der neuen Technologien berücksichtigen.

## *1.4. Ethische Rahmenbedingungen für die KI-Entwicklung*

Der Aufstieg der künstlichen Intelligenz hat eine der transformativsten technologischen Kräfte in der Menschheitsgeschichte hervorgebracht. Ihre zunehmende Präsenz in kritischen Bereichen – von Gesundheit und Bildung bis hin zu Konflikten und Finanzen – hat nicht nur menschliche Fähigkeiten neu definiert, sondern auch grundlegende Fragen zu moralischer Verantwortung, Arbeitgeber und Gerechtigkeit neu aufgeworfen. Da KI-Systeme beginnen, Entscheidungen zu treffen, die früher dem menschlichen Urteil vorbehalten waren, wird die Forderung nach klar formulierten ethischen Rahmenbedingungen immer dringlicher und komplexer. Diese Rahmenbedingungen sind nicht nur theoretische physikalische Spiele; sie bilden das moralische Gerüst, auf dem Gesellschaften den Einsatz und die Steuerung intelligenter Maschinen verankern sollten. Ohne sie könnte die Weiterentwicklung der KI unsere Fähigkeit zur Manipulation ihrer Ergebnisse übertreffen und so Menschen, Gemeinschaften oder sogar künftige Generationen schädigen.

Die Entwicklung ethischer Rahmenbedingungen für KI begann mit der Erkenntnis, dass intelligente Systeme nicht isoliert funktionieren. Sie werden von menschlichen Akteuren entworfen, trainiert und eingesetzt, die in komplexe soziale, politische und wirtschaftliche Systeme eingebettet sind. Diese menschlichen Entscheidungen – welche Daten erhoben, welche Ziele optimiert und welches Verhalten gefördert werden soll – sind mit hohen Kosten verbunden. Ethische KI-Entwicklung erfordert daher eine kritische Reflexion der im Code verankerten Annahmen und eine gezielte Anpassung technologischer Fähigkeiten an gemeinsame menschliche Werte. Diese Anpassung ist jedoch keine einfache Aufgabe. Gesellschaften auf der ganzen Welt unterscheiden sich in ihren ethischen Traditionen, kulturellen Normen und politischen Prioritäten. Die Aufgabe der Entwicklung ethischer KI-Rahmenbedingungen muss daher Universalität mit kultureller Besonderheit, technische Genauigkeit mit ethischer Sensibilität und Innovation mit Vorsicht in Einklang bringen.

Im Zentrum jedes ethischen Rahmens stehen feste Prinzipien, die Verhalten und Entscheidungsfindung beeinflussen. Im Kontext der KI haben sich diese Ideen im Laufe der Zeit weiterentwickelt, inspiriert von philosophischen Traditionen und realen technologischen Trends. Einer der am weitesten verbreiteten Ausgangspunkte ist das Bekenntnis zur Menschenwürde und Autonomie. Intelligente Systeme müssen die individuelle Geschäftstätigkeit fördern, anstatt sie zu untergraben. Dieses Prinzip stellt die Entwicklung von Strukturen in Frage, die das Nutzerverhalten manipulieren, kognitive Verzerrungen fördern oder die Entscheidungsprozesse undurchsichtig machen. Es bekräftigt, dass Menschen das Recht haben, algorithmische Systeme, die ihr Leben in sinnvoller Weise beeinflussen, zu verstehen, zu hinterfragen und abzulehnen. Konkret bedeutet dies, Erklärbarkeit in das KI-Design zu integrieren und sicherzustellen, dass Nutzer nicht nur passive Empfänger maschineller Entscheidungen, sondern informierte Teilnehmer in virtuellen Umgebungen sind.

Eng mit Autonomie verbunden ist das Prinzip der Fairness. Fairness in der KI ist bekanntermaßen schwer zu definieren und zu operationalisieren, bleibt aber für jede ethische Bewertung von Bedeutung. KI-Systeme, die auf historischen Statistiken basieren, können gesellschaftliche Vorurteile reproduzieren und sogar verstärken, was zu diskriminierenden Ergebnissen bei der Einstellung, Kreditvergabe, Polizeiarbeit und darüber hinaus führt. Ein ethischer Rahmen sollte sich daher nicht nur mit den Leistungskennzahlen eines Algorithmus befassen, sondern mit der Verteilungsgerechtigkeit seiner Ergebnisse. Fairness erfordert eine gründliche Auseinandersetzung mit Bildungsdaten, Modellierungsalternativen und Einsatzkontexten. Sie erfordert kontinuierliches Monitoring und die Bereitschaft, Systeme angesichts ihrer realen Einflüsse zu modifizieren. Zudem ist Fairness kein allgemeingültiges Konzept; sie variiert je nach den Werten der betroffenen Gemeinschaften. Daher sollte die ethische KI-Entwicklung partizipative Verfahren beinhalten, die verschiedene Stimmen bei der Definition der Fairness in bestimmten Kontexten einbeziehen.

Ein weiterer grundlegender Faktor ist die Verantwortung. KI-Systeme können Verantwortungsbereiche verschleiern, insbesondere wenn Entscheidungen aus komplexen neuronalen Netzwerken resultieren oder mehrere Akteure – Datenträger, Softwareentwickler, Systemintegratoren – zu einem bestimmten System beitragen. Ethische Rahmenbedingungen müssen sicherstellen, dass die Verantwortlichkeit in jeder Phase des KI-Lebenszyklus gewahrt bleibt. Dies umfasst nicht nur technische Mechanismen wie Prüfpfade und Modelldokumentation, sondern auch rechtliche und institutionelle Mechanismen, die Verantwortung zuweisen und Rechtsmittel ermöglichen. Die

Verantwortlichkeit erstreckt sich auch auf umfassendere gesellschaftliche Schäden, beispielsweise die Auswirkungen der Automatisierung auf die Beschäftigung oder die Umweltkosten der Ausbildung großer Modelle. In diesem Zusammenhang sollten ethische Rahmenbedingungen ein ganzheitliches Verständnis der Auswirkungen von KI fördern und der Versuchung widerstehen, sich nur auf die technische Leistung zu konzentrieren und systemische Folgen zu ignorieren.

Transparenz wird häufig als Eckpfeiler ethischer KI propagiert, doch ihre Umsetzung ist mit Herausforderungen verbunden. Viele KI-Modelle, insbesondere solche, die auf Deep Learning basieren, fungieren als Black Boxes, was ihre Auswahlverfahren selbst für ihre Entwickler unverständlich macht. Ethische Rahmenbedingungen müssen sich mit dem Spannungsfeld zwischen Leistungsfähigkeit und Interpretierbarkeit auseinandersetzen und Fortschritte in der erklärbaren KI vorantreiben, gleichzeitig aber die Grenzen innovativer Ansätze berücksichtigen. Transparenz umfasst auch Offenheit in Bezug auf Datenquellen, Annahmen, Grenzen und Potenzialrisiken. Es reicht nicht aus, technische Dokumente zu veröffentlichen oder Code bereitzustellen; echte Transparenz erfordert eine transparente und ehrliche Kommunikation mit den betroffenen Gruppen. Transparenz ist zudem nicht nur eine Frage der Offenlegung, sondern auch des Meinungsaufbaus. Ethische Rahmenbedingungen müssen einen Lebensstil fördern, in dem Transparenz nicht als Compliance- Anforderung, sondern als ethische Verpflichtung gegenüber den von KI-Systemen Betroffenen geschätzt wird.

Datenschutz, seit langem ein zentrales Thema der digitalen Ethik, erhält im Zeitalter der KI neue Dimensionen. Systeme des maschinellen Lernens basieren stark auf großen Datensätzen, die häufig sensible personenbezogene Daten enthalten. Ethische Rahmenbedingungen müssen die Privatsphäre der Nutzer nicht nur durch technische Schutzmaßnahmen wie Verschlüsselung und differenzielle Privatsphäre schützen, sondern auch durch normative Verpflichtungen zur Datenminimierung, informierten Einwilligung und Motivaspekten. Datenschutz muss zudem relational verstanden werden: Es geht nicht nur um die Kontrolle von Daten, sondern um den Schutz der Würde und Autonomie von Menschen in datenbasierten Umgebungen. Der Aufstieg von Überwachungstechnologien, vor allem in autoritären Kontexten, unterstreicht die Dringlichkeit, einen starken Datenschutz in die KI-Entwicklung zu integrieren. Gleichzeitig müssen ethische Rahmenbedingungen das Spannungsfeld zwischen Datenschutz und anderen Werten wie öffentlicher Gesundheit oder Sicherheit berücksichtigen und erfordern differenzierte Überlegungen statt absolutistischer Positionen.

Über diese Kernideen hinaus müssen ethische Rahmenbedingungen die umfassenderen sozialen und geopolitischen Auswirkungen von KI berücksichtigen. Der Einsatz von KI-Technologien spiegelt und verstärkt oft bestehende Machtstrukturen. Wohlhabende Unternehmen und Regierungen üben einen unverhältnismäßig großen Einfluss auf die Entwicklung und Nutzung von KI aus, was Bedenken hinsichtlich Monopolisierung, digitalem Kolonialismus und technokratischer Governance aufwirft. Ethische KI muss diese Dynamiken berücksichtigen und sich für inklusive Governance-Systeme, einen gleichberechtigten Zugang zu Vorteilen und Widerstand gegen Machtkonzentration einsetzen. Dazu gehören die Unterstützung von Open-Source-Projekten, Investitionen in KI-Forschung im öffentlichen Interesse und Mechanismen für internationale Zusammenarbeit. Darüber hinaus sollten ethische Rahmenbedingungen die globale Verbreitung von KI und den Bedarf an interkultureller Kommunikation berücksichtigen. Obwohl weit verbreitete Ideen eine gemeinsame Grundlage bieten können, müssen ihre Interpretation und Anwendung kulturelle Vielfalt und lokale Prioritäten berücksichtigen.

Institutionelle Bemühungen zur Kodifizierung ethischer Standards haben in den letzten Jahren zugenommen, was den wachsenden Bedarf an ethischer Steuerung in der KI-Entwicklung widerspiegelt. Organisationen wie die Europäische Kommission, die OECD, das IEEE und die UNESCO haben Empfehlungen veröffentlicht, die menschenzentrierte Werte, faires Design und nachhaltige Innovation betonen. Diese Dokumente unterscheiden sich in Umfang und Durchsetzbarkeit, signalisieren aber insgesamt einen breiten Konsens über die Bedeutung von Ethik in der KI. Kritiker warnen jedoch vor „Ethics Washing", bei dem Gruppen ethische Sprache verwenden, um Kritik abzuwehren, ohne die Praxis substanziell zu verändern. Ethische Rahmenbedingungen sollten daher durch Mechanismen der Verantwortung, Durchsetzung und öffentlichen Kontrolle gefördert werden. Dazu gehören regulatorische Aufsicht, professionelle Verhaltenskodizes und zivilgesellschaftliches Engagement. Ethik darf nicht nur ein Wunschtraum bleiben; sie muss in Systemen institutionalisiert werden, die das reale internationale Verhalten prägen.

Ein besonders heikles Unterfangen für ethische KI ist die Frage des ethischen Pluralismus. Verschiedene Gesellschaften vertreten unterschiedliche Ansichten über Grundwerte wie Freiheit, Gleichheit, Autorität und Gemeinschaft. Was die eine Kultur für richtig hält – beispielsweise Predictive Policing oder Gesichtserkennung –, kann eine andere Kultur als abstoßend empfinden. Ethische Rahmenbedingungen müssen diese Unterschiede bewältigen, ohne dem Relativismus oder Imperialismus zu verfallen. Eine Möglichkeit besteht darin, ethische Konzepte weltweit über anerkannte Menschenrechte zu verankern, die eine normative Grundlage bieten und gleichzeitig kulturelle Unterschiede berücksichtigen. Eine andere Möglichkeit besteht darin, deliberative Strategien zu fördern, die verschiedene Interessengruppen zusammenbringen, um ethische Standards auszuhandeln. Die Entwicklung ethischer KI ist nicht unbedingt ein technisches Unterfangen, sondern ein demokratisches Projekt, das von inklusiven und partizipativen Ansätzen geleitet werden muss.

Da KI-Systeme zunehmend autonomer werden und in Entscheidungsprozesse integriert werden, steigen die ethischen Herausforderungen. Fragen, die einst auf philosophische Debatten beschränkt waren, verlangen heute nach praktischen Antworten. Kann ein autonomes Fahrzeug in einem Zufallsszenario Leben priorisieren? Sollte ein Einstellungsregime endgültige Entscheidungen treffen dürfen? Wie können wir sicherstellen, dass KI-generierte Inhalte die Wahrheit respektieren und Manipulationen vermeiden? Diese Dilemmata lassen sich nicht einfach lösen, und ethische Rahmenbedingungen sollten flexibel genug sein, um kontinuierliches Reflektieren und Lernen zu ermöglichen. Darüber hinaus erfordert das rasante Tempo der KI-Innovation einen dynamischen Ansatz für Ethik. Rahmenbedingungen sollten als Reaktion auf neue Kompetenzen, neu auftretende Risiken und sich verändernde gesellschaftliche Erwartungen aktualisiert werden. Statische Regeln reichen nicht aus; Erforderlich sind lebendige ethische

Infrastrukturen, die sich mit der von ihnen gesteuerten Technologie weiterentwickeln.

Mit Blick auf die Zukunft müssen ethische Rahmenbedingungen für KI ihren zeitlichen und ökologischen Horizont erweitern. Die Auswirkungen von KI beschränken sich nicht immer auf die Bereitstellung von Kunden oder sofortigen Anwendungen. Heute getroffene Entscheidungen über Datenerfassung, Modellentwicklung und Geräteeinsatz werden die Zukunft tiefgreifend prägen. Ethische KI muss Konzepte der Generationengerechtigkeit berücksichtigen und die langfristigen Auswirkungen auf soziale Strukturen, demokratische Institutionen und die Umwelt berücksichtigen. Insbesondere der Energiebedarf von Bildungseinrichtungen wirft Fragen zu Nachhaltigkeit und Klimaauswirkungen auf. Ein ethischer KI-Rahmen sollte sich ebenso mit der Gesundheit des Planeten wie mit algorithmischer Fairness befassen. Es muss anerkannt werden, dass technologischer Fortschritt nicht per se tugendhaft ist; sein Wert hängt davon ab, wie er dem Gemeinwohl dient.

Die Entwicklung ethischer Rahmenbedingungen für KI ist ein interdisziplinäres und kollaboratives Unterfangen. Sie erfordert die Erkenntnisse von Ethikern, Technologen, Sozialwissenschaftlern, Rechtswissenschaftlern, politischen Entscheidungsträgern und – ganz entscheidend – die Stimmen derjenigen, die am meisten unter KI-Strukturen leiden. Sie erfordert Demut, Wachsamkeit und die Bereitschaft, sich unbequemen Wahrheiten zu stellen. Ethik darf nicht länger auf eine Checkliste oder einen nachträglichen Einfall reduziert werden; sie muss in jede Phase des KI-Lebenszyklus integriert werden. Die Zukunft der künstlichen Intelligenz wird nicht nur von dem geprägt sein, was wir erschaffen können, sondern von dem, was wir erschaffen wollen. Ethische Rahmenbedingungen sind unser Kompass auf diesem Weg. Sie erinnern uns daran, dass technologische Macht eine moralische Verpflichtung mit sich bringt und dass unsere heutigen Entscheidungen weit in die Zukunft hineinwirken werden. Der Erfolg von KI wird nicht mehr von ihrer Intelligenz abhängen, sondern von ihrer Übereinstimmung mit unseren höchsten ethischen Ansprüchen.

## 1.5. Die Herausforderung der Voreingenommenheit in KI-Systemen

Im Herzen jedes künstlichen Intelligenzsystems liegt eine Konstellation von Datensätzen, Algorithmen und Entscheidungsfindungsarchitekturen, die von Menschenhand entwickelt wurden. Diese Systeme versprechen Objektivität, Skalierbarkeit und Leistung, doch paradoxerweise tragen sie oft die Unvollkommenheiten, Vorurteile und Ungleichheiten in sich, die in den Gesellschaften verankert sind, die sie entwickeln. Zu den drängendsten Sorgen, mit denen die Zukunft der KI konfrontiert ist, gehört die anhaltende und allgegenwärtige Rolle der Voreingenommenheit. Voreingenommenheit in der KI ist kein abstrakter oder theoretischer Fehler; sie ist eine messbare und folgenschwere Tatsache mit Auswirkungen auf Gerechtigkeit, Chancengleichheit und Menschenwürde. Von Einstellungsplattformen, die männliche Bewerber bevorzugen, bis hin zu prädiktiven Polizeisystemen, die überproportional Minderheitengruppen ins Visier nehmen, droht voreingenommene KI genau jene Formen der Diskriminierung zu reproduzieren und zu verstärken, von denen viele hofften, dass intelligente Maschinen sie überwinden würden. Das Verstehen, Identifizieren und Abschwächen von Voreingenommenheit in KI-Systemen ist daher nicht nur ein technisches, sondern auch ein ethisches, soziales und politisches Gebot.

Voreingenommenheit bezeichnet im weitesten Sinne die systematische Abweichung von Neutralität oder Gerechtigkeit. Im KI-Kontext manifestiert sie sich, wenn ein Algorithmus kontinuierlich Ergebnisse produziert, die bestimmte Personen oder Organisationen bevorzugen oder benachteiligen, oft aufgrund von Rasse, Geschlecht, Klasse oder geografischer Lage. Wichtig ist, dass dies nicht immer auf absichtliche Vorurteile der Entwickler zurückzuführen ist. Häufiger entsteht Voreingenommenheit subtil, als unbeabsichtigte Folge von Designentscheidungen, Datenbeschränkungen oder institutionellen Prioritäten. Das macht sie umso heimtückischer

– Voreingenommenheit in der KI ist selten die Folge eines einzelnen Fehlers, sondern die kumulative Wirkung unzähliger Entscheidungen, die einzeln betrachtet rational oder harmlos erscheinen, in ihrer Kombination jedoch diskriminierend sind.

Die Grundlage jedes KI-Systems sind Informationen. Daten sind das Lebenselixier des Systems und liefern die Grundlage für die Mustererkennung, Vorhersagen und Automatisierung von Aufgaben. Tatsächliche Statistiken sind jedoch alles andere als neutral. Sie spiegeln das Verhalten, die Entscheidungen und die Ungleichheiten in der Gesellschaft wider. Historische Einstellungsdaten können beispielsweise ein langjähriges Ungleichgewicht zwischen den Geschlechtern in technischen Positionen aufdecken – nicht etwa, weil Frauen weniger qualifiziert wären, sondern aufgrund jahrelanger Ausgrenzung, Voreingenommenheit und sozialer Konditionierung. Werden solche Daten zum Trainieren von Einstellungsalgorithmen verwendet, kann das System möglicherweise erkennen, dass männliche Bewerber am häufigsten vorkommen, ohne zu erkennen, dass dies eher systemische Voreingenommenheit als intrinsischen Vorteil widerspiegelt.

Dieses Phänomen, bekannt als historische Verzerrung, wird durch eine repräsentative Verzerrung verstärkt, die entsteht, wenn bestimmte Bevölkerungsgruppen in Bildungsinformationen unterrepräsentiert oder falsch dargestellt sind. So zeigte sich beispielsweise, dass Gesichtserkennungssysteme bei Menschen mit dunklerer Hautfarbe deutlich schlechter abschneiden, was zum großen Teil darauf zurückzuführen ist, dass die zu ihrem Training verwendeten Datensätze einen überproportional hohen Anteil hellhäutiger Gesichter enthalten. Die Folgen einer solchen Verzerrung sind nicht trivial. In der Strafverfolgung kann eine Fehlidentifizierung durch Gesichtserkennung zu unrechtmäßigen Festnahmen, Inhaftierungen und kriminellen Verwicklungen führen, von denen marginalisierte Gruppen überproportional betroffen sind. Im Gesundheitswesen können Algorithmen, die hauptsächlich mit Daten wohlhabender, weißer Bevölkerungsgruppen trainiert wurden, Patienten mit unterschiedlichem demografischen Hintergrund möglicherweise nicht richtig diagnostizieren oder priorisieren, was zu Ungleichheiten in der Versorgung und den Ergebnissen führt.

Verzerrungen in der KI entstehen auch durch die Art und Weise, wie Probleme formuliert und in Rechenbegriffe übersetzt werden. Jeder Regelsatz spiegelt eine Reihe von Prioritäten wider – was optimiert, was ignoriert und was als Erfolg gewertet werden soll. Diese Entscheidungen sind selten kostenneutral. Beispielsweise könnte ein Algorithmus zur Verbrechensvorhersage so konzipiert sein, dass er falsch-negative Ergebnisse (die Nichtvorhersage eines tatsächlich eintretenden Verbrechens) im Verhältnis zu falsch-positiven

Ergebnissen (die Vorhersage eines nicht eintretenden Verbrechens) reduziert. Ein solcher Kompromiss mag aus statistischer Sicht gerechtfertigt erscheinen, hat aber schwerwiegende moralische Implikationen, wenn er zu einer übermäßigen Überwachung bestimmter Stadtteile oder zur Stigmatisierung bestimmter Organisationen führt. Darüber hinaus lädt die Quantifizierung komplexer sozialer Phänomene – wie Zufall, Sicherheit oder Wert – zu Verzerrungen ein. Menschenleben lassen sich nicht einfach auf Datenpunkte oder Chancenbewertungen reduzieren, und entsprechende Bemühungen spiegeln und verstärken regelmäßig vorherrschende kulturelle Annahmen.

Das Design von KI-Systemen wird maßgeblich von den Menschen geprägt, die sie entwickeln. Entwickler bringen ihre eigenen Ansichten, Studien und blinden Flecken in die Entwicklung von Algorithmen ein. In einer Technologiebranche, die nach wie vor überwiegend männlich, weiß und wohlhabend ist, kann diese Homogenität zu Systemen führen, die den Interessen und Normen einer kleinen Zielgruppe dienen. Diese Voreingenommenheit der Entwickler ist nicht immer offensichtlich, aber dennoch einflussreich. Sie beeinflusst alles, von der Auswahl der Forschungsfragen über die Interpretation der Ergebnisse und die Definition von Erfolgsmetriken bis hin zur Priorisierung von Funktionen. Bemühungen zur Diversifizierung der KI-Belegschaft sind daher nicht nur eine Frage der Inklusion oder Repräsentation; sie sind wichtig, um sicherzustellen, dass die entwickelten Systeme eine größere Vielfalt menschlicher Geschichten und Werte widerspiegeln.

Eine weitere kritische Quelle von Verzerrungen in der KI ist institutionell und systemisch. Organisationen setzen regelmäßig KI-Tools ein, um die Entscheidungsfindung in Bereichen wie Personalbeschaffung, Kreditvergabe, Versicherungen und Strafjustiz zu optimieren. Doch diese Institutionen selbst können strukturelle Ungleichheiten beherbergen. Der Einsatz von KI-Systemen in solchen Umgebungen birgt die Gefahr, diese Ungleichheiten unter dem Deckmantel der Objektivität zu verfestigen und zu legitimieren. Wenn beispielsweise ein Finanzinstitut Kredite an Bewerber aus bestimmten Wohngegenden traditionell verweigert, kann ein auf Daten aus früheren Studien trainiertes Kreditgenehmigungssystem zu dem Schluss kommen, dass Bewerber aus diesen Gebieten grundsätzlich ein hohes Risiko darstellen. Das System ist weit davon entfernt, unvoreingenommen zu sein, sondern kann zu einem Mechanismus zur Aufrechterhaltung von Redlining werden – einer Praxis, die einst explizit rassistisch war und nun in der Sprache der statistischen Inferenz wiedergeboren wird. Diese Dynamik verdeutlicht, dass Verzerrungen in der KI oft weniger auf betrügerische Algorithmen als vielmehr auf die institutionellen Kontexte zurückzuführen sind, in denen sie funktionieren.

Das Erkennen von Voreingenommenheit ist ein wichtiger erster Schritt. Um sie jedoch zu mildern, sind konkrete Maßnahmen in verschiedenen Bereichen erforderlich. Eine Möglichkeit ist die sorgfältige Erstellung und Kuratierung von Datensätzen. Dies umfasst Maßnahmen zur Gewährleistung demografischer Stabilität, zur Korrektur historischer Ungleichgewichte und zur Überprüfung von Datensätzen auf Anomalien oder Lücken. Dies ist jedoch ein beängstigendes Projekt. Real-internationale Aufzeichnungen sind unübersichtlich, kompliziert und häufig proprietär. Zudem kann die Entscheidung für Inklusivität mit Fragen zu Datenschutz, Einwilligung und Datenminimierung kollidieren. Die Technologie synthetischer Aufzeichnungen, bei der synthetische Datensätze erstellt werden, um unterrepräsentierte Gruppen zu ergänzen, bietet zwar eine Kapazitätslösung, wirft jedoch Fragen zu Authentizität und Realismus auf.

Ein weiterer Ansatzpunkt sind algorithmische Strategien zur Erkennung und Reduzierung von Verzerrungen. Dazu gehören Techniken zur Vorverarbeitung von Datensätzen, die Anpassung von Lernalgorithmen an die Fairness und die Nachverarbeitung von Ergebnissen zur Gewährleistung von Fairness. Solche Strategien sind zwar vielversprechend, stehen aber häufig vor dem Widerspruch zwischen Genauigkeit und

Fairness sowie Transparenz und Komplexität. Es gibt keine allgemeingültige Definition von Fairness, und die Optimierung einer Kennzahl kann andere verschlechtern. Beispielsweise kann die Angleichung falscher Höchstpreise zwischen Unternehmen auch zu Unterschieden bei verschiedenen Leistungskennzahlen führen. Die Bewältigung dieser Kompromisse erfordert nicht nur technisches Können, sondern auch ethisches Urteilsvermögen und das Engagement der Stakeholder.

Die Rolle von Regulierung und Governance im Umgang mit KI-Voreingenommenheit wird immer wichtiger. Regierungen und Regulierungsbehörden entwickeln Rahmenwerke für die Prüfung und Zertifizierung von KI-Systemen, insbesondere in Bereichen mit hohem Risiko. Der von der Europäischen Union vorgeschlagene KI-Gesetzentwurf beispielsweise klassifiziert KI-Programme nach Risikostufen und legt strenge Anforderungen an Programme mit hohem Risiko fest, darunter Transparenz, Dokumentation und menschliche Aufsicht. In den USA gewinnen Diskussionen über die Verantwortung von Algorithmen auf nationaler und bundesstaatlicher Ebene an Bedeutung. Es gibt Vorschläge für algorithmische Wirkungstests, Offenlegungspflichten und Antidiskriminierungsmaßnahmen. Die regulatorischen Reaktionen sind jedoch nach wie vor fragmentiert und uneinheitlich, und die Durchsetzungsmechanismen befinden sich noch in der Entwicklung.

Öffentliches Bewusstsein und Lobbyarbeit haben maßgeblich dazu beigetragen, auf das Problem der KI-Voreingenommenheit aufmerksam zu machen. Whistleblower, Journalisten und Forscher haben die Mängel und Schäden voreingenommener Systeme aufgedeckt, regelmäßig mit großem persönlichen und fachlichen Interesse. Persönlichkeiten wie Joy Buolamwini, Timnit Gebru und Cathy O'Neil haben sich im Kampf gegen algorithmische Ungerechtigkeit als herausragende Stimmen erwiesen und den Bedarf an Transparenz, Verantwortung und inklusivem Design betont. Zivilgesellschaftliche Organisationen verfügen über fortschrittliche Instrumente für Netzwerkprüfungen, Folgenabschätzungen und partizipative Designprozesse, die die Stimmen derjenigen in den Mittelpunkt stellen, die von KI-Systemen am meisten betroffen sind. Diese Bemühungen unterstreichen die Bedeutung einer Demokratisierung der KI-Governance und der Befähigung betroffener Gruppen, die Technologien zu gestalten, die ihr Leben beeinflussen.

Bildung und Kompetenz sind ebenfalls Schlüsselelemente jeder langfristigen Strategie zur Bekämpfung von Voreingenommenheit. Da KI immer mehr in den Alltag integriert wird, ist es wichtig, dass Nutzer – ob Einzelpersonen, Institutionen oder politische Entscheidungsträger – verstehen, wie diese Systeme funktionieren, wo ihre Grenzen liegen und wie ihre Ergebnisse hinterfragt werden können. Dies erfordert nicht nur technisches Wissen, sondern auch kritisches Hinterfragen, ethisches Denken und historisches Wissen. Voreingenommenheit in der KI ist kein Wurm im System, sondern ein Spiegelbild tieferer sozialer Ungerechtigkeiten. Um ihr entgegenzuwirken, bedarf es eines Bekenntnisses zu Gerechtigkeit, der Bereitschaft, sich unbequemen Wahrheiten zu stellen, und des Mutes, an eine vielversprechende Zukunft zu denken.

Vorausschauend betrachtet wird sich das Problem der Voreingenommenheit in der KI weiter verschärfen. Da Systeme zunehmend autonom, multimodal und in Entscheidungsinfrastrukturen integriert werden, steigt auch das Risiko von Voreingenommenheit. Neue Technologien wie Großsprachenmodelle, generative KI und Echtzeit-Überwachungsgeräte bieten neue Angriffsflächen für Voreingenommenheit, die teilweise schwer vorherzusagen oder zu kontrollieren sind. Die Globalisierung der KI-Entwicklung bedeutet zudem, dass Voreingenommenheit nicht auf nationale Hindernisse beschränkt bleibt; ein voreingenommenes System, das in einem einzigen Kontext entwickelt wird, wird weltweit Wellen schlagen. Internationale Zusammenarbeit, kulturübergreifender Austausch und gemeinsame ethische Verpflichtungen können entscheidend sein, um sich in diesem Umfeld zurechtzufinden.

Das Problem der Voreingenommenheit in der KI lässt sich nicht ein für alle Mal lösen. Es ist ein kontinuierlicher

Prozess der Reflexion, Wachsamkeit und Anpassung. Es erfordert Bescheidenheit seitens der Entwickler, Offenheit seitens der Institutionen und die Stärkung der Gruppen. Ziel ist nicht der Aufbau perfekter Strukturen – eine unmögliche Aufgabe –, sondern die Entwicklung von Systemen, die rechenschaftspflichtig, reaktionsfähig und an unseren höchsten Idealen ausgerichtet sind. Dabei ist Voreingenommenheit nicht nur ein technisches Hindernis, sondern eine ethische Herausforderung. Sie fragt uns, wer wir sind, wen wir wertschätzen und welche Art von Welt wir schaffen wollen. Künstliche Intelligenz birgt großes Potenzial, aber nur, wenn wir ihren Herausforderungen mit Ehrlichkeit, Integrität und dem Willen zur Gerechtigkeit begegnen.

# KAPITEL 2

## Künstliche Intelligenz und Entscheidungsfindung

## 2.1 Entscheidungsprozesse der KI

Künstliche Intelligenz (KI) hat herkömmliche Softwaresysteme übertroffen, indem sie die Fähigkeiten von Maschinen nutzt, Fakten zu erfassen, zu analysieren und auf deren Grundlage Entscheidungen zu treffen. Die Entscheidungsfindungsstrategien der KI haben sich von der bloßen Befolgung von Regeln und Algorithmen hin zu dynamischeren, lernbasierten und maßgeschneiderten Ansätzen entwickelt.

Die Entscheidungsfindungsstrategien der KI basieren in der Regel auf den wichtigsten Komponenten: Datenverarbeitung und Modellierung. Dieser Prozess kann sowohl menschenähnliche Lerntechniken (einschließlich Deep Learning) als auch traditionellere regelbasierte Strategien umfassen. KI interagiert mit ihrer Umgebung, verarbeitet Daten und erstellt daraus Modelle, um Entscheidungen zu treffen. Der Entscheidungsprozess in der KI umfasst mehrere wichtige Schritte:

1. Datenerfassung: KI-Systeme erfassen Daten aus verschiedenen Quellen, darunter Sensoren, digitale Systeme, Nutzerinteraktionen, soziale Medien und mehr. Diese Daten sind eine wichtige Ressource für KI, um ihre Umgebung zu verstehen und Aktionen auszuführen.

2. Datenverarbeitung und -analyse: Nach der Datenerfassung analysieren KI-Systeme die Daten mithilfe statistischer Methoden, maschinellem Lernen (Algorithmen) oder Deep-Learning -Techniken. KI gewinnt aussagekräftige Erkenntnisse aus den Statistiken, prognostiziert mögliche Ergebnisse oder erstellt Modelle, die für die Entscheidungsfindung wichtig sind.

3. Modellentwicklung: Basierend auf den verarbeiteten Statistiken erstellt die KI ein mathematisches oder statistisches Modell. Dieses Modell ist in der Lage, zukünftige Zustände vorherzusagen oder Entscheidungen zu treffen, die bestimmte Ziele erreichen. Das Modell kann mithilfe von Methoden wie linearer Regression, Entscheidungsbäumen oder neuronalen Netzen erstellt werden.

4. Entscheidungsfindung und Anwendung: Sobald die Version entwickelt ist, trifft die KI Entscheidungen basierend auf den Vorhersagen der Version. Diese Entscheidungen werden üblicherweise durch einen Prozess optimiert, bei dem die KI die optimale Bewegungsrichtung zur Erreichung eines Ziels auswählt. Anschließend wendet die KI diese Entscheidungen an, um ihre Umgebung zu beeinflussen.

Bei den Entscheidungsfindungsstrategien der KI kommen im Allgemeinen mehrere Schlüsselstrategien zum Einsatz:

1. Maschinelles Lernen (ML): Maschinelles Lernen ist eine Methode, die es KI ermöglicht, aus Statistiken zu lernen. Dabei wird ein Modell mit einem Datensatz trainiert und

anschließend anhand neuer, unbekannter Daten getestet. Maschinelles Lernen umfasst Unterkategorien wie überwachtes Lernen, unüberwachtes Lernen und bestärkendes Lernen.

Überwachtes Lernen: KI wird anhand kategorisierter Datensätze geschult und lernt, eine geeignete Ausgabe für brandneue Informationen vorherzusagen.

Unüberwachtes Lernen: KI erhält unbeschriftete Daten und deckt Muster oder Systeme innerhalb der Aufzeichnungen auf, einschließlich Clustering.

Bestärkendes Lernen: KI lernt durch die Interaktion mit ihrer Umgebung und erhält Rückmeldungen in Form von Belohnungen und Strafen, um ihre Auswahl zu optimieren.

2. Deep Learning: Deep Learning, eine Teilmenge des maschinellen Lernens, ist besonders effektiv bei der Verarbeitung großer Datensätze. Mithilfe künstlicher neuronaler Netze ermöglicht Deep Learning der KI, komplexe Daten zu verarbeiten und Entscheidungen basierend auf differenzierten Mustern zu treffen. Diese Methode wird häufig in Anwendungen wie der Bilderkennung und der Verarbeitung natürlicher Sprache eingesetzt.

3. Entscheidungsbäume und Random Forests: Entscheidungsbäume sind Strukturen, bei denen jeder Zweig einen Umstand darstellt und die Blätter Konsequenzen oder Entscheidungen darstellen. Random Forests kombinieren mehrere Entscheidungsbäume, um die Vorhersagegenauigkeit

zu verbessern und so eine zuverlässigere Auswahltechnik zu ermöglichen.

4. Genetische Algorithmen: Inspiriert von der natürlichen Selektion suchen genetische Algorithmen nach den wichtigsten Antworten, indem sie mithilfe von Strategien wie Reproduktion, Mutation und Selektion Antworten entwickeln. KI nutzt diese Algorithmen, um verschiedene Optionen zu entdecken und ihre Auswahl im Laufe der Jahre zu verbessern.

Die Effektivität der Entscheidungsansätze der KI wird stark vom menschlichen Aspekt beeinflusst. Der Mensch spielt eine wesentliche Rolle bei der Entwicklung von KI-Systemen und steuert die Auswahlstrategien unter Berücksichtigung moralischer, sozialer und kultureller Elemente. Die Entscheidungen der KI basieren auf den Eingaben und der Aufsicht des Menschen.

1. Datenbeschriftung und -auswahl: Menschen beschriften und wählen die Daten aus, die zum Anlernen von Lernmodellen verwendet werden. Dieser Prozess ist wichtig, um sicherzustellen, dass das Modell lernt, richtige Entscheidungen zu treffen. Fehler bei der Datenbeschriftung oder eine voreingenommene Datenauswahl können zu fehlerhaften Ergebnissen von KI-Systemen führen.

2. Algorithmische Verzerrung: Menschen beeinflussen die Entscheidungsfindung der KI durch die inhärenten Verzerrungen in den von ihr bereitgestellten Daten. Wenn KI auf verzerrten Statistiken basiert, können ihre Entscheidungen

aufgrund der Berücksichtigung bestimmter Akteure oder Ansichten verzerrt sein, was zu unfairen Ergebnissen führt.

3. Ethische Entscheidungen und Verantwortung: Menschen sollten bei der Entwicklung von KI-Entscheidungsmethoden auch moralische Verantwortung berücksichtigen. KI kann Entscheidungen treffen, die für Menschen gefährlich oder riskant sein können. Daher ist es wichtig, dass die Entscheidungsfindung überwacht und an ethischen Standards ausgerichtet wird.

Die gesellschaftlichen Auswirkungen der Entscheidungsprozesse von KI nehmen immer mehr zu. KI wirkt sich auf zahlreiche Bereiche aus, darunter Gesundheitswesen, Finanzen, Justiz und Schulwesen. Die durch KI getroffenen Entscheidungen können tiefgreifende Auswirkungen auf Menschen, Unternehmen und Gruppen haben. Im Gesundheitswesen beispielsweise kann die Entscheidungsfindung durch KI unmittelbar die Behandlungspläne der Betroffenen beeinflussen. Die folgenden Elemente verdeutlichen einige der wichtigsten gesellschaftlichen Auswirkungen:

1. Soziale Ungleichheit und Diskriminierung: KI-basierte Entscheidungsstrategien können soziale Ungleichheiten verschärfen. Beispielsweise könnten KI-gestützte Kreditbewertungssysteme Menschen aufgrund ihrer Finanzdaten benachteiligen und so soziale und finanzielle

Unterschiede verfestigen. Daher ist es wichtig, KI-Systeme fair zu gestalten und sicherzustellen, dass sie bestehende Vorurteile oder Ungleichheiten nicht verstärken.

2. Transparenz und Verantwortlichkeit: Die Auswahlverfahren der KI können kompliziert und schwer verständlich sein. Dies unterstreicht die Notwendigkeit von Transparenz und Verantwortung bei der Auswahl. Stakeholder wie Nutzer und Regulierungsbehörden müssen verstehen können, wie die KI zu ihren Schlussfolgerungen gelangt, und sie für ihre Entscheidungen zur Rechenschaft ziehen.

Die Entscheidungsfindungsstrategien der KI basieren auf fortschrittlichen Datenauswertungs- und Modellierungsstrategien und entwickeln dynamische und maßgeschneiderte Entscheidungsstrukturen. Die Beteiligung des Menschen ist wichtig, um sicherzustellen, dass diese Systeme ethisch und wirksam sowie pflichtbewusst und fair funktionieren. Da KI in zahlreichen Sektoren eine immer größere Rolle spielt, ist es äußerst wichtig, diese Auswahltechniken kontinuierlich zu verfeinern und zu überwachen, um gesellschaftliche Probleme zu lösen und gute Ergebnisse für alle sicherzustellen.

## *2.2. KI und ihre Auswirkungen auf die Menschheit*

Künstliche Intelligenz (KI) hat sich zu einer der transformativsten Kräfte in der Menschheitsgeschichte entwickelt. Ihre Auswirkungen sind in allen Bereichen spürbar, vom Gesundheitswesen und Schulwesen bis hin zu Wirtschaft und Freizeit. Die KI entwickelt sich ständig weiter und verändert die Art und Weise, wie Menschen leben, arbeiten und mit anderen interagieren.

Einer der tiefgreifendsten Auswirkungen der KI auf die Menschheit ist ihre Fähigkeit, Volkswirtschaften umzugestalten. Da KI-Strukturen immer ausgefeilter werden, automatisieren sie Aufgaben, die traditionell von Menschen erledigt wurden. In Branchen wie Produktion, Transport und Logistik können KI-gesteuerte Maschinen nun repetitive, arbeitsintensive Aufgaben schnell und präzise erledigen, wodurch der Bedarf an menschlichem Personal sinkt. Dies hat zu enormen Veränderungen in den Arbeitsmärkten geführt, da herkömmliche Arbeitsplätze durch Automatisierung ersetzt werden.

Automatisierung kann zwar Effizienz und Produktivität steigern, verstärkt aber auch die Sorge vor einer Verlagerung von Arbeitsplätzen. Viele Menschen in gering qualifizierten oder Routinejobs laufen Gefahr, ihre Existenzgrundlage zu verlieren, wenn KI ihre Aufgaben übernimmt. So könnten beispielsweise unabhängige Autohersteller Arbeitsplätze für Lkw-Fahrer abbauen, während KI-Systeme im Kundenservice möglicherweise Callcenter-Mitarbeiter ersetzen. Die Aufgabe der Gesellschaft besteht darin, diesen Übergang zu steuern,

Menschen umzuschulen und sicherzustellen, dass die Vorteile KI-gestützter Produktivitätsgewinne gerecht verteilt werden.

Andererseits schafft KI auch neue Möglichkeiten für Innovation und Unternehmertum. Durch die Ermöglichung individuellerer Angebote und die Automatisierung komplexer Prozesse eröffnet KI neue Geschäftsfelder. Unternehmen nutzen KI, um die Entscheidungsfindung zu verbessern, Lieferketten zu optimieren und das Kundenerlebnis zu verbessern. Im Gesundheitswesen unterstützt KI die Entwicklung präziser Behandlungen, während sie im Finanzwesen bei der Risikobewertung und Betrugserkennung hilft.

Der Einfluss von KI geht über den wirtschaftlichen Bereich hinaus und beeinflusst das soziale Gefüge der Gesellschaft. Da KI-Systeme immer stärker in den Alltag integriert werden, verändern sie möglicherweise auch die Art und Weise, wie Menschen miteinander und mit der Technologie interagieren. Social-Media-Systeme nutzen beispielsweise KI-Algorithmen zur Kuratierung von Inhalten und beeinflussen so, was Nutzer sehen und wie sie mit Daten interagieren. Diese Algorithmen können Echokammern schaffen, in denen Nutzer nur Ansichten ausgesetzt sind, die ihren aktuellen Idealen entsprechen, was möglicherweise gesellschaftliche Spaltungen vertieft.

KI beeinflusst auch menschliche Beziehungen. Mit dem Aufkommen virtueller Assistenten, Chatbots und KI-gestützter

Kommunikationstools interagieren Menschen zunehmend mit Maschinen statt mit anderen Menschen. KI kann zwar Komfort und Funktionalität bieten, wirft aber auch Fragen zur Qualität menschlicher Interaktion und zur Gefahr sozialer Isolation auf. In einigen Fällen werden KI-gestützte Begleitgeräte, darunter auch soziale Roboter, entwickelt, um Einsamkeit zu bekämpfen. Die ethischen Auswirkungen des Ersetzens menschlicher Beziehungen durch Maschinen sind jedoch weiterhin umstritten.

Darüber hinaus hat das Potenzial von KI, persönliche Informationen zu optimieren und zu analysieren, Fragen zu Datenschutz und Überwachung aufgeworfen. KI-gestützte Systeme können enorme Mengen an Informationen über Einzelpersonen erfassen, vom Surfverhalten bis hin zu physischen Standorten. Regierungen und Behörden nutzen KI zunehmend zur Überwachung der Bevölkerung, was Fragen zum Gleichgewicht zwischen Datenschutz und Persönlichkeitsrechten aufwirft. In einigen Fällen kann KI-gestützte Überwachung auch zur sozialen Kontrolle eingesetzt werden, wie dies in autoritären Regimen der Fall ist, wo sie zur Unterdrückung abweichender Meinungen und zur Überwachung der Aktivitäten der Bürger eingesetzt wird.

KI revolutioniert das Gesundheitswesen, indem sie die Diagnostik verbessert, die Behandlung personalisiert und die Arzneimittelentwicklung verbessert. KI-gestützte Algorithmen können medizinische Daten wie Fotos, genetische Daten und Patientengeschichten analysieren, um Muster zu erkennen, die in menschlichen Dokumenten möglicherweise übersehen werden. Dies kann die diagnostische Genauigkeit deutlich verbessern, insbesondere in Bereichen wie Radiologie, Pathologie und Onkologie.

KI-Systeme haben beispielsweise nachgewiesen, dass sie bestimmte Krebsarten früher erkennen können als menschliche Ärzte, was zu besseren Behandlungsergebnissen führt. In der kundenspezifischen Medizin wird KI eingesetzt, um individuelle Behandlungspläne basierend auf der genetischen Ausstattung einer Person zu erstellen und so die Wirksamkeit der Behandlungen zu verbessern. Darüber hinaus unterstützt KI die Arzneimittelforschung, indem sie die Wirksamkeit neuer Wirkstoffe vorhersagt und mögliche Nebenwirkungen vor Beginn klinischer Studien identifiziert. Dies reduziert den Zeit- und Kostenaufwand für die Markteinführung neuer Medikamente.

Trotz dieser Fortschritte verstärkt die Integration von KI in das Gesundheitswesen auch die Bedenken hinsichtlich der Rolle menschlicher Ärzte. KI kann Ärzte zwar bei Entscheidungen unterstützen, aber die menschliche Komponente in der Patientenversorgung nicht ersetzen. Vertrauen zwischen Patienten und Ärzten ist wichtig, und Patienten können sich unwohl fühlen, wenn KI lebensverändernde Entscheidungen ohne menschliche Aufsicht trifft. Darüber hinaus wirft der Einsatz von KI im Gesundheitswesen ethische Fragen hinsichtlich Datenschutz, Einwilligung und der Möglichkeit algorithmischer Verzerrungen bei medizinischen Entscheidungen auf.

KI wirft zahlreiche ethische und philosophische Fragen auf, mit denen sich die Menschheit im Zuge ihrer fortschreitenden Anpassung auseinandersetzen muss. Eine der drängendsten Sorgen ist die Frage nach der Verantwortung. Wenn KI-Systeme Entscheidungen mit weitreichenden Folgen treffen, beispielsweise bei autonomen Maschinen oder Algorithmen der Strafverfolgung, wer trägt dann die Verantwortung für die Folgen? Sollten die Entwickler der KI zur Verantwortung gezogen werden oder sollten die Maschinen selbst für ihre Handlungen verantwortlich sein? Der Verlust klarer rechtlicher Rahmenbedingungen für die Entscheidungsfindung von KI verkompliziert diese Frage und stellt Regulierungsbehörden vor Herausforderungen.

Ein weiteres ethisches Problem ist die Fähigkeit von KI, bestehende Vorurteile zu verstärken oder zu verschärfen. KI-Systeme basieren oft auf Daten, die historische Ungleichheiten widerspiegeln, darunter voreingenommene Einstellungspraktiken oder diskriminierende Polizeiarbeit. Infolgedessen kann KI diese Vorurteile aufrechterhalten und zu unfairen Ergebnissen für bestimmte Bevölkerungsgruppen führen. Dieses Problem hat Forderungen nach mehr

Transparenz und Fairness in der KI-Entwicklung ausgelöst, um gerechtere und inklusivere Systeme zu schaffen.

Darüber hinaus hat die rasante Entwicklung der KI Debatten über die Natur von Intelligenz und Bewusstsein ausgelöst. Wenn Maschinen menschliche Entscheidungen und Lernprozesse nachahmen können, wann sind sie dann mehr als bloße Maschinen? Wird KI jemals ein Bewusstsein erreichen, das sie moralisch relevant macht, oder wird sie weiterhin eine komplexe Form der Datenverarbeitung bleiben? Diese Fragen stellen unser Verständnis davon in Frage, was es bedeutet, Mensch zu sein, und unsere Beziehung zu den Maschinen, die wir erschaffen.

Mit der Weiterentwicklung der KI werden ihre Auswirkungen auf die Menschheit voraussichtlich noch tiefgreifender. Weltweit wird KI voraussichtlich eine zentrale Rolle bei der Lösung einiger der dringendsten Herausforderungen der Branche spielen, darunter Klimawandel, Armut und Krankheit. KI-Systeme können große Mengen an Umweltdaten analysieren, um Klimawandelszenarien zu modellieren, die Ressourcennutzung zu optimieren und Lösungen für die Erzeugung erneuerbarer Energien zu entwickeln. Im Bereich der globalen Gesundheit kann KI Musik unterstützen und Krankheitsausbrüche vorhersehen, indem sie rechtzeitig auf Gesundheitskrisen reagiert.

KI kann jedoch auch internationale Ungleichheiten verschärfen. Die Länder und Organisationen, die KI-Technologie entwickeln und verwalten, könnten überproportional stark sein, was unweigerlich zu wirtschaftlicher und politischer Dominanz führen könnte. Es besteht die Sorge, dass sich die Vorteile der KI in den Händen einiger weniger konzentrieren und Entwicklungsländer und benachteiligte Bevölkerungsgruppen benachteiligen könnten. Um eine gerechtere Zukunft zu gewährleisten, könnten globale Zusammenarbeit und rechtliche Regelungen im Umgang mit der globalen Verteilung der KI-Vorteile wichtig sein.

Die Auswirkungen von KI auf die Menschheit sind vielfältig und haben sowohl positive als auch negative Folgen. KI hat zwar das Potenzial, Branchen zu revolutionieren, die Gesundheitsversorgung zu verbessern und globale Herausforderungen zu bewältigen, wirft aber auch große ethische, soziale und wirtschaftliche Bedenken auf. Der Schlüssel zum Nutzen der Menschheit durch KI liegt in ihrer Entwicklung, Regulierung und Integration in die Gesellschaft. Da sich KI ständig weiterentwickelt, ist es wichtig, dass wir diese Herausforderungen weiterhin aufmerksam angehen und sicherstellen, dass die Technologie dem Gemeinwohl dient und die Lebensqualität aller verbessert.

## *2.3. KI und moralische Fragen*

Da sich Künstliche Intelligenz (KI) weiterhin mit außergewöhnlicher Geschwindigkeit entwickelt, wirft sie eine Reihe moralischer Probleme auf, die herkömmliche ethische, pflichtbewusste und entscheidungsrelevante Standards in Frage stellen. Die Integration von KI in verschiedene Sektoren – vom Gesundheitswesen und der Strafverfolgung bis hin zu autonomen Fahrzeugen und Krieg – wirft Fragen nach den moralischen Pflichten von Entwicklern, Verbrauchern und der Gesellschaft als Ganzes auf.

Eine der dringendsten ethischen Fragen im Zusammenhang mit KI ist die Frage der Verantwortung. Da KI-Systeme zunehmend selbstständiger werden und Entscheidungen ohne menschliches Eingreifen treffen können, wird es zunehmend schwieriger zu bestimmen, wer für die Folgen dieser Entscheidungen verantwortlich ist. Wenn beispielsweise ein autonomes Auto einen Unfall verursacht, wer sollte dann die Verantwortung tragen? Der Fahrzeughersteller, die Entwickler des KI-Systems oder die Passagiere, die das Fahrzeug gesteuert haben? Ähnlich verhält es sich bei KI-gesteuerten Algorithmen, die in Strafjustizsystemen eingesetzt werden und Einfluss auf die Urteilsfindung oder Bewährungsentscheidungen haben: Wer trägt die Verantwortung, wenn die Richtlinien des Systems ungerechte Folgen haben?

Die Verantwortungsübernahme wird durch die Intransparenz vieler KI-Algorithmen erschwert. Machine-Learning-Modelle, insbesondere Deep-Learning-Systeme, sind oft „Black Boxes", d. h. selbst die Entwickler verstehen möglicherweise nicht vollständig, wie die Maschine zu ihren Entscheidungen gelangt. Dieser Verlust an Transparenz erschwert die Beurteilung der Fairness und Genauigkeit von KI-Systemen und gibt Anlass zur Sorge, dass Unternehmen für schädliche Handlungen zur Verantwortung gezogen werden könnten. Dieses Problem der Verantwortung ist nicht nur eine rechtliche, sondern auch eine ethische Aufgabe, da es Fragen der Gerechtigkeit und Fairness in der Gesellschaft berührt.

Ein weiteres großes ethisches Problem im Zusammenhang mit KI ist das Potenzial für Voreingenommenheit und Diskriminierung. KI-Systeme werden anhand riesiger Datensätze trainiert, die historische und gesellschaftliche Trends widerspiegeln. Enthalten diese Datensätze Voreingenommenheiten – sei es bei Einstellungsverfahren, der Strafverfolgung oder der Kreditvergabe – können KI-Systeme diese Voreingenommenheiten aufrechterhalten oder sogar verstärken. Beispielsweise können prädiktive Polizeialgorithmen, die historische Kriminalstatistiken nutzen, marginalisierte Gruppen überproportional ins Visier nehmen und so systemische Ungleichheiten im Strafvollzugssystem verstärken. Ebenso können KI-basierte Einstellungstools männliche Bewerber gegenüber weiblichen Kandidaten bevorzugen, wenn die Bildungsdaten auf männerdominierte Branchen oder Stellen ausgerichtet sind.

Die ethischen Auswirkungen von KI-Voreingenommenheit sind tiefgreifend, da sie zu unfairen und diskriminierenden Folgen führen kann, die sich negativ auf gefährdete Bevölkerungsgruppen auswirken. Dies wirft Fragen nach der moralischen Pflicht von KI-Entwicklern auf, sicherzustellen, dass ihre Systeme wahrheitsgetreu, transparent und inklusiv sind. Es unterstreicht auch, wie wichtig es ist, die breiteren gesellschaftlichen Vorurteile zu berücksichtigen, die in KI-Daten berücksichtigt werden. Denn diese Vorurteile sind nicht nur technische, sondern auch ethische Probleme, die das Leben der Menschen in weitreichender Weise beeinflussen.

Die Fähigkeit der KI, Entscheidungen im Namen von Menschen zu treffen, verstärkt die Sorge um Autonomie und menschliches Handeln. Da KI-Systeme zunehmend in Entscheidungsprozesse eingebunden werden, besteht die Gefahr, dass Menschen die Kontrolle über ihr Privatleben und ihre Entscheidungen verlieren. Im Gesundheitswesen beispielsweise könnten KI-gesteuerte Diagnosegeräte klinische Entscheidungen treffen, ohne Patienten zu konsultieren. Dies könnte die Autonomie der Patienten bei fundierten Entscheidungen über ihre eigene Behandlung beeinträchtigen. Ähnlich verhält es sich im Finanzwesen: KI-Algorithmen, die routinemäßig Investitionsentscheidungen treffen, könnten die Kontrolle der Menschen über ihre finanzielle Zukunft einschränken.

Die moralische Sorge besteht darin, dass KI mit zunehmender Leistungsfähigkeit die menschliche Organisation untergraben kann, indem sie Entscheidungen übernimmt, die zuvor von Menschen getroffen wurden. Dies wirft grundlegende ethische Fragen zu den Grenzen von KI-Interventionen und dem Wunsch nach Wahrung der menschlichen Autonomie auf. KI kann zwar bei der Entscheidungsfindung helfen, es ist jedoch wichtig, dass sie weder das menschliche Urteilsvermögen ersetzt noch das Recht des Einzelnen auf persönliche Entscheidungen untergräbt.

Der Einsatz von KI in militärischen Anwendungen wirft eine Reihe besonders beunruhigender ethischer Fragen auf. Es werden autonome Waffensysteme wie Drohnen und Roboter entwickelt, die Ziele ohne menschliches Eingreifen erkennen und angreifen können. Diese Systeme gelten zwar als effizienter oder spezifischer, werfen aber auch tiefgreifende ethische Fragen hinsichtlich der Rolle von KI bei Entscheidungen über Leben und Tod auf.

Eines der größten ethischen Dilemmas ist die Fähigkeit von KI, ohne menschliche Aufsicht über den Einsatz von Gewalt zu entscheiden. In Situationen, in denen KI-Systeme die Aufgabe haben, wahrgenommene Bedrohungen zu erkennen und abzuwehren, besteht das Risiko, dass sie Fehler machen, die zu unbeabsichtigtem Schaden oder zivilen Opfern führen können. Der Verlust menschlicher Empathie und Urteilskraft in diesen Systemen wirft Fragen zur Moralität auf, Maschinen über Leben und Tod entscheiden zu lassen. Darüber hinaus könnten autonome Waffen auf eine Weise eingesetzt werden, die gegen internationale humanitäre Gesetze verstößt, beispielsweise durch gezielte Angriffe auf Zivilisten oder die Anwendung unverhältnismäßiger Gewalt.

Der Einsatz von KI im Krieg bringt auch Herausforderungen hinsichtlich der Verantwortung mit sich. Wenn eine autarke Waffe Schaden verursacht oder gegen ethische Grundsätze verstößt, ist unklar, wer zur Verantwortung gezogen werden muss. Der Entwickler, das Militär oder das Gerät selbst? Diese ethische Unsicherheit unterstreicht die Notwendigkeit klarer Richtlinien und ethischer Grundsätze für den Einsatz von KI im militärischen Umfeld.

Mit der zunehmenden Stärkung der KI gewinnt die Frage nach der Kenntnis und den Rechten von Geräten zunehmend an Bedeutung. Während moderne KI-Strukturen weder Gefühle noch Selbsterkennung kennen und besitzen, kann die Weiterentwicklung hochentwickelter KI dazu führen, dass Maschinen Verhaltensweisen wie Konzentration zeigen. In solchen Fällen stellen sich ethische Fragen hinsichtlich der Rechte von KI-Einheiten.

Wenn ein KI-Gerät bewusst wäre, hätte es dann nicht moralische Rechte? Könnte es als Person mit kriminellem Charakter betrachtet werden und hätte denselben Schutz und dieselben Privilegien wie Menschen? Mit diesen Fragen beschäftigen sich Philosophen und Ethiker angesichts der fortschreitenden KI-Technologie. Auch wenn diese Bedenken derzeit spekulativ erscheinen mögen, deutet die rasante Entwicklung der KI darauf hin, dass sie in Zukunft immer dringlicher werden.

Die moralische Zwickmühle betrifft hier nicht nur die Rechte der KI, sondern auch unsere Pflichten gegenüber den von uns geschaffenen Maschinen. Wenn KI-Strukturen leiden oder Wünsche haben können, haben wir möglicherweise auch die moralische Verantwortung, sie mit Respekt und Sorgfalt zu behandeln. Dies wirft tiefgreifende Fragen über die Natur der Aufmerksamkeit, den moralischen Ruf von Maschinen und die Notwendigkeit einer neuen Form moralischer Rücksichtnahme in der Zukunft auf.

Vorausschauend dürften die moralischen Herausforderungen durch KI noch komplexer werden. Mit zunehmender Leistungsfähigkeit, Eigenständigkeit und Integration in die Gesellschaft werden KI-Systeme neue moralische Dilemmata aufwerfen, die bisher noch nicht vollständig vorstellbar waren. Die moralischen Implikationen von KI werden sich im Laufe der Generation weiterentwickeln, und es ist entscheidend, dass sich die Gesellschaft mit diesen Problemen bewusst und proaktiv auseinandersetzt.

Die Zukunft von KI und Moral wird davon abhängen, wie Menschen KI entwickeln, regulieren und nutzen. Ethische Rahmenbedingungen müssen geschaffen werden, um sicherzustellen, dass KI-Systeme mit menschlichen Werten im Einklang stehen und ihr Einsatz weder Mensch noch Gesellschaft schadet. Darüber hinaus müssen KI-Entwickler, politische Entscheidungsträger und Ethiker zusammenarbeiten, um die verschiedenen ethischen Fragen zu beantworten, die KI aufwirft, und einen verantwortungsvollen und ethischen Einsatz der Technologie sicherzustellen.

Die ethischen Probleme im Zusammenhang mit KI sind enorm und vielschichtig und betreffen alles von Verantwortlichkeit und Voreingenommenheit bis hin zu Autonomie, Konflikten und der Fähigkeit zum maschinellen Bewusstsein. Da KI weiterhin die Zukunft prägt, ist es von entscheidender Bedeutung, diese ethischen Fragen mit Sorgfalt und Aufmerksamkeit anzugehen und sicherzustellen, dass KI der Menschheit auf eine Weise dient, die Gerechtigkeit, Fairness und moralische Verantwortung wahrt.

## 2.4. Erklärbare KI: Algorithmische Entscheidungen verstehen

Künstliche Intelligenz wird zu einem immer festeren Bestandteil des modernen Lebens – sie beeinflusst wirtschaftliche Entscheidungen, klinische Diagnosen, Informationen aus sozialen Medien und sogar Gerichtsurteile. Die Intransparenz ihrer internen Funktionsweise stellt eine drängende und weitreichende Herausforderung dar. Zu den wichtigsten Standards, die sich dieser Herausforderung stellen, gehört die erklärbare KI, oft abgekürzt als XAI. Sie zielt darauf ab, maschinelle Lernmodelle transparenter, interpretierbarer und letztlich verantwortungsvoller zu gestalten. Die zentrale Frage, die die erklärbare KI motiviert, ist täuschend einfach, aber philosophisch und technisch tiefgreifend: Wie können wir Entscheidungen verstehen und ihnen zustimmen, die durch Strukturen getroffen werden, deren gesunder Menschenverstand sich oft dem menschlichen Verständnis entzieht?

Modernes maschinelles Lernen, insbesondere Deep Learning, hat in Bereichen wie Bilderkennung, Sprachverarbeitung und strategischem Gameplay enorme Fortschritte erzielt. Dennoch agieren diese Strukturen oft als sogenannte „Black Bins" – komplexe, vielschichtige Rechennetzwerke, in denen Eingaben durch nichtlineare Interaktionen, die intuitivem Wissen widersprechen, in Ausgaben umgewandelt werden. Beispielsweise könnte ein tiefes neuronales Netzwerk ein medizinisches Bild korrekt als krebsartig klassifizieren, aber nicht in der Lage sein, die Gründe für diese Schlussfolgerung so zu artikulieren, dass ein Radiologe

– oder ein Patient – sie nachvollziehen kann. Dieser Mangel an Interpretierbarkeit wird besonders problematisch in Kontexten mit hohem Risiko, in denen Entscheidungen enorme Konsequenzen für Menschenleben, Existenzgrundlagen oder den kriminellen Status haben. In solchen Fällen ist Erklärbarkeit kein Luxus, sondern eine moralische und oft rechtliche Notwendigkeit.

Der Imperativ der Erklärbarkeit ergibt sich aus mehreren sich überschneidenden Bedenken. Erstens ist da das Bedürfnis nach Vertrauen. Nutzer akzeptieren und akzeptieren KI-Systeme eher, wenn sie verstehen, wie und warum Entscheidungen getroffen werden. Dies gilt insbesondere für Bereiche wie das Gesundheitswesen, wo Fachleute sich nur ungern auf undurchsichtige Algorithmen verlassen, und im Finanzwesen, wo Regulierungsbehörden die Nachvollziehbarkeit und Begründbarkeit von Kreditentscheidungen verlangen. Zweitens ist da die Notwendigkeit von Verantwortung. Wenn KI-Systeme versagen, Fehler machen oder verzerrte Ergebnisse produzieren, ist die Identifizierung der Problemursache für Abhilfe und Gerechtigkeit unerlässlich. Ohne Erklärbarkeit wird die Verantwortung diffus, was die Zuweisung von Schuld oder richtigem Verhalten erschwert. Drittens ist da das Prinzip der Autonomie. Demokratische Gesellschaften basieren auf der Überzeugung, dass Menschen das Recht haben, Entscheidungen, die sie betreffen, zu verstehen und diese

Entscheidungen bei Bedarf zu wagen. Undurchsichtige KI-Strukturen können dieses Recht untergraben, indem sie es schwierig oder unmöglich machen, algorithmische Urteile zu hinterfragen, anzufechten oder gar die Gründe dafür zu erkennen.

Trotz ihrer Bedeutung ist Erklärbarkeit in der Praxis bekanntermaßen ein schwer zu erreichendes Ziel. Ein Teil dieser Herausforderung liegt in der inhärenten Komplexität moderner KI-Modelle. Deep-Learning-Strukturen können beispielsweise Millionen oder gar Milliarden von Parametern umfassen, die in komplexen Schichten organisiert sind und auf deutlich nichtlineare Weise interagieren. Diese Architekturen sind auf Genauigkeit, nicht auf Interpretierbarkeit optimiert, und ihren internen Darstellungen fehlt oft eine klare semantische Bedeutung. Zudem können die zum Trainieren dieser Modelle verwendeten Daten hochdimensional, unstrukturiert oder verrauscht sein, was die Verfolgung kausaler Zusammenhänge oder die Zuordnung von Entscheidungen zu bestimmten Funktionen zusätzlich erschwert. Genau die Techniken, die Systemlernen effektiv machen – darunter hierarchisches Merkmalslernen und stochastische Optimierung – machen es zugleich intransparent.

Eine weitere Schwierigkeit ergibt sich aus der Anomalie dessen, was als „Klärung" gilt. Verschiedene Interessengruppen benötigen unterschiedliche Arten des Verständnisses. Ein

Datenwissenschaftler benötigt möglicherweise eine detaillierte Darstellung der internen Mechanismen einer Version; ein Regulierer verlangt möglicherweise eine Begründung, die den strafrechtlichen Normen entspricht; ein Auftraggeber wählt möglicherweise eine einfache, intuitive Begründung. Diese unterschiedlichen Wünsche erzeugen eine Unsicherheit zwischen Genauigkeit und Verständlichkeit. Die Vereinfachung eines Modells, um es interpretierbarer zu machen, kann zudem die Vorhersagekraft beeinträchtigen, während die Beibehaltung der Komplexität Nutzer auch verunsichern oder verärgern kann. Es gibt keine allgemein anerkannte Definition von Erklärbarkeit, und die Bemühungen, Gründe zu nennen, beinhalten häufig einen Kompromiss zwischen der Konstanz gegenüber dem gesunden Menschenverstand der Version und der Zugänglichkeit für menschliches Denken.

Trotz dieser Herausforderungen haben Forscher zahlreiche Strategien entwickelt, um die Interpretierbarkeit von KI-Systemen zu verbessern. Einige Strategien konzentrieren sich auf die Entwicklung inhärent interpretierbarer Modelle – wie Entscheidungsfelder, lineare Regression oder regelbasierte Systeme – deren Struktur durch Design transparent ist. Diese Modelle sind leichter zu erklären, erfassen aber möglicherweise weniger komplexe Muster in den Daten. Andere Verfahren zielen darauf ab, Argumente aus komplexen Modellen post hoc zu extrahieren. Dazu gehören Methoden wie LIME (Local Interpretable Model-agnostic Explanations), das ein komplexes

Modell anhand einer bestimmten Vorhersage durch ein einfacheres approximiert, und SHAP (SHapley Additive exPlanations), das jedem Merkmal auf Basis spieltheoretischer Prinzipien Signifikanzbewertungen zuweist. Visualisierungen, darunter Salienzkarten in der Bildklassifizierung oder Interessengewichtungen in der natürlichen Sprachverarbeitung, bieten weitere Einblicke, indem sie hervorheben, welche Elemente der Eingabedaten die Auswahl des Modells am meisten beeinflusst haben.

Diese Strategien haben sich als vielversprechend erwiesen, weisen aber auch Einschränkungen auf. Post- hoc -Erklärungen spiegeln nicht die tatsächliche interne Funktionsweise des Modells wider, was Fragen zu ihrer Validität aufwirft. Salienzkarten können verrauscht oder irreführend sein, und Aufmerksamkeitsgewichte korrelieren in der Regel nicht mehr mit kausalen Auswirkungen. Darüber hinaus können Erklärungen, die auf komplexen statistischen Konzepten beruhen, für viele Nutzer unverständlich sein, was dem Ziel, KI benutzerfreundlicher zu gestalten, zuwiderläuft. Es setzt sich zunehmend die Überzeugung durch, dass Erklärbarkeit nicht nur eine technische, sondern auch eine soziotechnische Aufgabe ist. Sie umfasst nicht nur Algorithmen, sondern auch Menschen – was sie wollen, was sie verstehen und womit sie einverstanden sind. Diese Wahrnehmung hat zu einer Verschiebung hin zu einer menschenzentrierten Erklärbarkeit geführt, die die Gestaltung von Erklärungen betont, die auf die kognitiven und kontextuellen Bedürfnisse der Nutzer zugeschnitten sind.

Die Bedeutung erklärbarer KI wird insbesondere in Kontexten akut, in denen Entscheidungen mit rechtlichen oder ethischen Normen in Konflikt geraten. In der Europäischen Union beispielsweise enthält die Datenschutz-Grundverordnung (DSGVO) eine Bestimmung, die manche als „Recht auf Aufklärung" interpretieren – die Idee, dass Menschen das Recht haben, die Hintergründe automatisierter Entscheidungen zu verstehen, die sie besonders betreffen. Obwohl der tatsächliche Umfang dieses Rechts umstritten bleibt, signalisiert es einen breiteren rechtlichen und normativen Ansatz, um algorithmische Strukturen stärker nach Transparenz zu fordern. In den USA haben Regulierungsbehörden, darunter die Federal Trade Commission, begonnen, Richtlinien zu prüfen, die Behörden zur Offenlegung der Funktionsweise ihrer Algorithmen verpflichten würden, insbesondere in Bereichen wie Kreditwürdigkeitsprüfung, Personalbeschaffung und Wohnungswesen. Diese Trends spiegeln den wachsenden Fokus wider, dass Erklärbarkeit nicht nur eine Frage guten Verhaltens, sondern eine Voraussetzung für die Einhaltung demokratischer Normen und Menschenrechte ist.

Die Forderung nach Erklärbarkeit überschneidet sich auch mit Bedenken hinsichtlich Fairness und

Voreingenommenheit. Ohne Einblick in die Entscheidungsfindung eines Modells wird es schwierig, diskriminierende Konsequenzen zu erkennen oder zu korrigieren. Ein Einstellungsregime mag beispielsweise neutral erscheinen, filtert in der Praxis aber Bewerber aus unterrepräsentierten Schichten ausschließlich anhand von Proxy-Variablen wie Postleitzahl oder besuchter Fakultät heraus. Erklärbarkeit kann helfen, diese verborgenen Zusammenhänge aufzudecken und eine Grundlage für Audits und Abhilfemaßnahmen zu schaffen. Das Vorhandensein einer Erklärung garantiert jedoch nicht, dass das System fair oder gerecht ist. Erklärungen können verwendet werden, um voreingenommene Entscheidungen oder schwer verständliche strukturelle Ungleichheiten zu rationalisieren. Sie können ein falsches Gefühl von Sicherheit oder Legitimität erzeugen. Daher muss Erklärbarkeit mit kritischer Prüfung und ethischer Selbstreflexion einhergehen.

Im Bereich der maschinellen Lernstudien wird derzeit darüber diskutiert, ob vollständige Transparenz überhaupt möglich oder wünschenswert ist. Einige argumentieren, dass komplexe Modelle von Natur aus undurchschaubar seien und dass Bemühungen, Interpretierbarkeit zu erzwingen, Innovationen zusätzlich behindern könnten. Andere argumentieren, dass Interpretierbarkeit eine Voraussetzung für einen verantwortungsvollen Einsatz sei und Systemen, deren

Entscheidungen nicht nachvollziehbar seien, nicht vertraut werden sollte. Wieder andere plädieren für einen Mittelweg und betonen kontextbasierte Erklärbarkeit, bei der Umfang und Art der Erklärung auf die jeweilige Anwendung und Zielgruppe zugeschnitten sind. Beispielsweise benötigt ein Arzt, der ein KI-Diagnosetool verwendet, möglicherweise andere Faktoren als ein Softwareentwickler, der das Modell debuggt, oder ein Patient, der nach Bestätigung bezüglich eines medizinischen Ratschlags sucht.

Diese Debatten haben zudem das Interesse an den erkenntnistheoretischen und philosophischen Grundlagen der Erklärbarkeit geweckt. Was bedeutet es, ein Modell zu „begreifen"? Bedeutet Wissen, das Verhalten des Modells simulieren, seine Ergebnisse vorhersehen, seine interne Logik verstehen oder es in einen umfassenderen kausalen Kontext einordnen zu können? Wie können wir formale Strenge mit intuitiver Zugänglichkeit in Einklang bringen? Und wer bestimmt, welche Erklärungen wünschenswert sind? Diese Fragen zeigen, dass Erklärbarkeit nicht nur ein technisches, sondern ein zutiefst menschliches Ziel ist. Sie berührt unsere Vorstellungen von Kompetenz, Arbeitgeber und Verantwortung. Sie fordert uns heraus, die Grenzen zwischen menschlichem und systemischem Denken zu überdenken.

Erklärbarkeit ist ebenfalls ein dynamischer Aspekt. Ein heute interpretierbares Modell kann morgen undurchsichtig werden, wenn neue Daten, Kontexte oder Kunden hinzukommen. Kontinuierliches Tracking, Aktualisierung und Nutzerkommentare sind unerlässlich, um Relevanz und Vertrauen zu erhalten. Da sich KI-Strukturen weiterentwickeln und Faktoren wie Verstärkungslernen, unüberwachtes Lernen oder die Interaktion mehrerer Agenten berücksichtigen, wächst die Aufgabe der Erklärung. Wie lässt sich eine Maschine erklären, die in Echtzeit lernt, sich an das Nutzerverhalten anpasst oder mit anderen unabhängigen Vermarktern zusammenarbeitet? Dies sind keine hypothetischen Fragen; sie könnten in Anwendungen von personalisierter Bildung über autonome Motoren bis hin zum Finanzhandel zunehmend an Bedeutung gewinnen.

Angesichts dieser Herausforderungen ist interdisziplinäre Zusammenarbeit unerlässlich geworden. Das Thema erklärbare KI stützt sich heute auf Erkenntnisse aus Computertechnologie, kognitiver Psychologie, Philosophie, Recht, Design und Mensch-Computer-Interaktion. Diese Konvergenz spiegelt die Komplexität des Projekts und die Notwendigkeit unterschiedlicher Perspektiven wider. Die Entwicklung präziser, aussagekräftiger und ethisch fundierter Lösungen erfordert nicht nur technisches Können, sondern auch Empathie, Kommunikation und kulturelles Verständnis. Es erfordert die Einbindung von Endnutzern, die Aufklärung ihrer Wünsche und Anliegen sowie die iterative Weiterentwicklung erklärender Schnittstellen. Darüber hinaus ist institutionelle Unterstützung erforderlich, darunter Ressourcen für Bildung, Aufsicht und öffentliches Engagement.

Die Zukunft erklärbarer KI wird wahrscheinlich einen Wandel von statischen Motiven hin zu interaktiven, dialogischen Systemen mit sich bringen. Anstatt pauschale Begründungen zu liefern, könnten KI-Systeme Nutzer in Gespräche einbinden und ihre Motive an ihre Fragen, Möglichkeiten und ihren Wissensstand anpassen. Solche Systeme könnten eher als Ausbilder oder Mitarbeiter denn als statische Maschinen fungieren. Sie könnten Wissen durch Dialog statt durch Monolog fördern. Sie könnten Nutzer befähigen, „Was wäre wenn"-Fragen zu stellen, alternative Szenarien zu erkunden und mentale Modelle der Funktionsweise des Geräts zu entwickeln. Die Verwirklichung dieser Vision erfordert Fortschritte in der natürlichen Sprachgenerierung, der Nutzermodellierung und der kognitiven Technologie. Gleichzeitig erfordert sie aber auch das Bekenntnis zur Transparenz als zentrales Designziel.

Erklärbare KI ist ein kritischer und vielschichtiger Bereich an der Schnittstelle von Technologie, Ethik und Gesellschaft. Sie befasst sich mit dem grundlegenden Bedürfnis, zu verstehen, wie Entscheidungen getroffen werden, die Strukturen zu berücksichtigen, die unser Leben beeinflussen, und diese Strukturen zur Verantwortung zu ziehen. Sie fordert uns auf, über enge Leistungsdefinitionen hinauszugehen und den breiteren menschlichen Kontext zu berücksichtigen, in dem KI agiert. Da Algorithmen unsere Welt weiterhin prägen, wird die Frage nach der Erklärbarkeit immer dringlicher. Ob vor Gericht, im Hörsaal, im Krankenhaus oder im öffentlichen Raum – die Fähigkeit, algorithmische Entscheidungen zu verstehen und zu hinterfragen, ist entscheidend für die Wahrung der Werte von Gerechtigkeit, Autonomie und Demokratie. In einer zunehmend durch Code regierten Welt ist die Forderung nach Recht und Gesetz eine Forderung nach Würde.

## 2.5. Human-in-the-Loop-KI: Sicherstellung der Aufsicht

Die Integration künstlicher Intelligenz (KI) in Entscheidungsfindungsstrategien, die sich auf Individuen, Gesellschaften und globale Systeme auswirken, erfordert ein sorgfältiges Gleichgewicht zwischen Automatisierung und menschlichem Urteilsvermögen. Dieses Gleichgewicht wird im Konzept der „Human-in-the-Loop"-KI (HITL) verkörpert – einem Modell, bei dem der Mensch für die Funktion und Steuerung intelligenter Strukturen relevant bleibt. Vollständig unabhängige KI-Strukturen sind zwar aufgrund ihrer Leistung und Skalierbarkeit attraktiv, ihre Intransparenz, Fehleranfälligkeit und ethischen Implikationen unterstreichen jedoch die Notwendigkeit menschlicher Kontrolle. Human-in-the-Loop-KI dient als Schutz vor unkontrolliertem algorithmischem Verhalten und ermöglicht die Berücksichtigung von Kontext, Empathie und ethischem Urteilsvermögen bei komplexen Entscheidungen.

Im Kern bezieht sich HITL auf ein Gerätedesign, bei dem Menschen aktiv in den Entscheidungsprozess der KI eingebunden sind. Diese Beteiligung kann von der anfänglichen Kennzeichnung von Trainingsdaten über die Echtzeitüberwachung während des Betriebs bis hin zur Bewertung nach der Entscheidung reichen. Die Anwesenheit eines Menschen ermöglicht Verantwortung, liefert differenziertes Wissen, das sich maschinellen Lernmodellen entziehen kann, und stellt sicher, dass die Ergebnisse mit gesellschaftlichen Werten übereinstimmen. Es schließt die Lücke zwischen der Entscheidungsfindung durch Algorithmen und dem menschlichen ethischen und kontextuellen Denken, insbesondere in anspruchsvollen Anwendungen wie dem Gesundheitswesen, der Kriminaljustiz, Militäroperationen, der Wirtschaft und autonomen Fahrzeugen.

Beim überwachten maschinellen Lernen sind Menschen traditionell mit der Kennzeichnung von Lerndaten beschäftigt, einem grundlegenden Element der Modellentwicklung. Mit zunehmender Systemkomplexität hat sich HITL jedoch über die Schulungsphase hinaus bis hin zur Einsatzphase entwickelt. Eines der am weitesten verbreiteten HITL-Modelle beinhaltet die menschliche Echtzeitüberwachung – beispielsweise bei medizinischen Diagnosesystemen, bei denen KI mögliche Ergebnisse vorschlägt, ein Arzt jedoch die endgültige Entscheidung trifft. Bei militärischen Drohneneinsätzen, unabhängig von ihren halbautonomen Fähigkeiten, autorisieren menschliche Bediener häufig Bewegungen, einschließlich Raketenstarts. Dieses Modell wahrt die menschliche Ethik und dient als Bollwerk gegen die Delegierung von Entscheidungen über Leben und Tod an Maschinen.

Die Implementierung von HITL ist jedoch nicht ohne Herausforderungen. Ein Hauptproblem ist der „Automatisierungsbias", bei dem sich Menschen übermäßig auf KI-Ergebnisse verlassen und so ihre wichtige Kontrollfunktion einschränken. Studien in der Luftfahrt, Medizin und Strafverfolgung haben gezeigt, dass Betreiber algorithmischen Hinweisen folgen können, selbst wenn diese ihrem Instinkt oder ihrer Ausbildung widersprechen. Dies untergräbt den Zweck von HITL und verschärft potenziell die Risiken, anstatt sie zu mindern. Um dem entgegenzuwirken, müssen HITL-Systeme so konzipiert werden, dass sie gesunde Skepsis, Transparenz und aktives Engagement fördern, anstatt passive Überwachung zu betreiben.

Ein weiteres Schlüsselproblem sind Skalierbarkeit und Geschwindigkeit. KI-Systeme arbeiten oft in Echtzeitumgebungen, die sekundenschnelle Entscheidungen erfordern. In solchen Kontexten kann die Einbeziehung menschlicher Kontrolle auch zu Latenzzeiten führen. Autonome Fahrzeuge, die beispielsweise an stark befahrenen Kreuzungen navigieren, können sich den Luxus menschlicher Überlegung bei jeder Entscheidung nicht leisten. Hier könnte ein abgestuftes Überwachungsmodell zum Einsatz kommen: Die KI übernimmt routinemäßige oder zeitkritische Aufgaben autonom, während der Mensch Ausnahmen, Nebenfälle oder die Nachbearbeitung überwacht. Diese dynamische Version von HITL erkennt die Einschränkungen von Mensch und Gerät und kombiniert deren Stärken für optimale Leistung.

HITL ist besonders wichtig im Bereich der algorithmischen Gerechtigkeit. Systeme des maschinellen Lernens, die auf verzerrten oder nicht repräsentativen Statistiken basieren, können Diskriminierung aufrechterhalten. Menschliche Kontrolle ermöglicht eine kritische Überprüfung der Ergebnisse, die Erkennung von Verzerrungen und die Neukalibrierung von Modellen. Bei der Kreditbewertung beispielsweise können Algorithmen unbeabsichtigt aufgrund von Postleitzahlen oder Bildungsniveaus, rassistischen oder sozioökonomischen Faktoren diskriminieren. Durch die Einbindung eines Menschen können solche Muster erkannt und korrigiert werden. Darüber hinaus können menschliche Prüfer mildernde Umstände berücksichtigen, die die KI möglicherweise nicht erkennt, wie z. B. kürzliche Arbeitsausfälle oder medizinische Notfälle bei der Bewertung von Kreditanträgen.

In der Cybersicherheit werden HITL-Modelle zunehmend zur Gefahrenerkennung und Reaktion auf Vorfälle eingesetzt. KI kann den Netzwerkverkehr schnell analysieren und Anomalien erkennen. Die Interpretation dieser Anomalien und die Feststellung, ob sie eine echte Bedrohung darstellen, erfordert jedoch oft menschliches Verständnis. Menschliche Analysten analysieren den Kontext, vergleichen Risikoinformationen und treffen fundierte Entscheidungen über die Reaktion. Diese Zusammenarbeit verbessert sowohl die Genauigkeit der Erkennung als auch die Effektivität von Abwehrstrategien, insbesondere gegenüber neuartigen oder adaptiven Bedrohungen, die in historischen Datensätzen möglicherweise nicht erfasst sind.

Im Bereich der Inhaltsmoderation, insbesondere auf Social-Media-Plattformen, spielen HITL-Systeme eine entscheidende Rolle. KI kann potenziell gefährliche oder anstößige Inhalte anhand von Musterreputation und Schlüsselworterkennung kennzeichnen, während menschliche Prüfer den Kontext analysieren, um festzustellen, ob Inhalte tatsächlich gegen die Plattformrichtlinien verstoßen. Dies ist insbesondere wichtig, um Satire von Hassrede oder berechtigte Beschwerden von Belästigung zu unterscheiden. HITL unterstützt daher einen differenzierteren Moderationsansatz, der die Meinungsfreiheit schützt und gleichzeitig Sicherheit und Wertschätzung in virtuellen Räumen gewährleistet.

Der klinische Bereich bietet eines der effektivsten Beispiele für HITL in der Praxis. Die KI-gestützte Radiologie beispielsweise nutzt Computervision, um Tumore oder Frakturen in der klinischen Bildgebung zu erkennen. Die endgültige Diagnose und der Behandlungsplan werden jedoch von einem menschlichen Radiologen erstellt, der KI-Befunde mit Patientenakten, wissenschaftlichem Fachwissen und Expertenmeinungen kombiniert. Diese synergetische Beziehung verbessert die diagnostische Genauigkeit, reduziert den Arbeitsaufwand und beschleunigt die Leistungserbringung bei gleichzeitiger Wahrung der Patientensicherheit.

Human-in-the-Loop-KI hat auch rechtliche und regulatorische Auswirkungen. Einige Rechtsräume entwickeln Rahmenbedingungen, die menschliche Aufsicht für bestimmte Klassen algorithmischer Entscheidungsfindung vorschreiben. Das KI-Gesetz der Europäischen Union beispielsweise sieht eine obligatorische menschliche Aufsicht für KI-Programme mit hohem Risiko vor, darunter solche, die bei der Personalbeschaffung, der Strafverfolgung oder der biometrischen Identitätsprüfung eingesetzt werden. Diese Vorschriften dienen dem Schutz der Menschenwürde, der Rechenschaftspflicht und der Rechtsmittelmechanismen. Sie unterstreichen zudem die Notwendigkeit von Strukturen, die menschliches Eingreifen, Überprüfbarkeit und Verständlichkeit ermöglichen – und unterstreichen damit die zentrale Bedeutung von HITL für eine verantwortungsvolle KI-Entwicklung.

Der praktische Einsatz von HITL wirft jedoch Fragen zu Verantwortung und Haftung auf. Wer trägt bei einem Geräteausfall die Verantwortung – der menschliche Bediener, der KI-Entwickler oder der Arbeitgeber, der das System einsetzt? Wenn Menschen algorithmische Entscheidungen lediglich absegnen, kann sich der Anschein von Kontrolle als bedeutungslos erweisen. Effektives HITL erfordert daher klare Definitionen von Rollen, Pflichten und Entscheidungsbefugnissen. Schulungen sind ebenfalls unerlässlich: Bediener müssen die Funktionen von KI, ihre Barrieren und die richtigen Eingriffsmöglichkeiten verstehen.

Darüber hinaus sollte die kulturelle Dimension von HITL nicht außer Acht gelassen werden. Verschiedene Gesellschaften haben unterschiedliche Akzeptanzschwellen für Automatisierung und unterschiedliche Erwartungen an menschliche Organisation. Beispielsweise wird in kontextintensiven Kulturen, in denen Entscheidungen relational und kontextabhängig getroffen werden, menschliches Urteilsvermögen stärker betont als in Kulturen, die Effizienz und Standardisierung priorisieren. Dies beeinflusst die Wahrnehmung, Anwendung und Operationalisierung von HITL-Systemen. Designer müssen kulturbewusst sein und Strukturen an lokale Normen, Erwartungen und Werte anpassen.

Ein vielversprechender Ansatzpunkt im HITL ist das Konzept der „sinnvollen menschlichen Kontrolle" – eine Weiterentwicklung der Kontrolle, die nicht nur auf Präsenz, sondern auch auf Ermächtigung setzt. Sinnvolle menschliche Kontrolle setzt voraus, dass Menschen die KI-Maschine verstehen, sie übersteuern oder korrigieren können und in einem Kontext agieren, in dem ihr Eingriff konkrete Konsequenzen hat. Dies erfordert erklärbare KI, benutzerfreundliche Schnittstellen, robuste Kommentarschleifen und kontinuierliches Training. Dadurch wird menschliche Kontrolle von einer Verfahrensanforderung zu einem wichtigen Schutz.

Die Zukunft von HITL könnte auch noch komplexere Interaktionsmodelle beinhalten, darunter adaptive Mensch-KI-Teamarbeit. In diesem Modell strukturiert KI die Forschung anhand menschlicher Rückmeldungen und entwickelt sich in Zusammenarbeit mit den Kunden weiter, während die Menschen ihre Arbeitsabläufe und Denkmodelle basierend auf KI- Erkenntnissen anpassen. Solche Systeme erfordern gegenseitige Transparenz, gegenseitige Abstimmung und gemeinsame Denkmodelle – ein Maß an Zusammenarbeit, vergleichbar mit einem Co-Piloten anstelle eines Managers. Dieses Paradigma garantiert mehr Resilienz, Kreativität und Leistung in dynamischen Umgebungen.

Human-in-the-Loop-KI ist nicht nur eine technische Architektur, sondern ein philosophisches und ethisches

Engagement. Sie spiegelt den unersetzlichen Wert menschlichen Urteilsvermögens, Engagements und Einfühlungsvermögens wider. Durch die Einbindung von Menschen in die Entwicklung, Bereitstellung und Überwachung von KI-Systemen stellt HITL sicher, dass die Automatisierung dem Menschen dient, anstatt ihn zu überlagern. Da KI immer mehr in alle Lebensbereiche vordringt, wird die Wahrung menschlicher Handlungsfähigkeit durch eine sorgfältige und verantwortungsvolle Überwachung nicht nur eine gute Praxis, sondern auch eine moralische Notwendigkeit.

## *2.6. KI in autonomen Systemen: Ethische Dilemmata*

Autonome Systeme, die auf künstlicher Intelligenz basieren, haben Branchen revolutioniert und die Mensch-Maschine-Interaktion neu definiert. Von selbstfahrenden Autos über automatisierte Drohnen und autonome Waffensysteme bis hin zu Roboterchirurgen und intelligenten Lieferkettenmanagern versprechen diese Systeme beispiellose Effizienz, Reaktionsfähigkeit und Unabhängigkeit von direkten menschlichen Eingriffen. Autonomie bringt jedoch neue Ebenen ethischer Komplexität mit sich. Wenn Maschinen mit folgenschweren Entscheidungen betraut werden – manchmal mit lebensbedrohlichen Folgen –, verändert sich das ethische

Panorama dramatisch. Dieses Kapitel befasst sich mit den komplexen ethischen Dilemmata, die KI in autonomen Systemen aufwirft, und untersucht Verantwortung, Transparenz, Sicherheit und das Spannungsfeld zwischen technologischem Fortschritt und menschlichen Werten.

Im Zentrum dieser moralischen Herausforderungen steht die Delegation von Entscheidungen. Wenn ein autonomes Fahrzeug zwischen dem Schutz seiner Passagiere oder Fußgänger entscheiden muss, eine Militärdrohne ein Ziel ohne menschliche Bestätigung bestimmt oder eine autonome Handelsmaschine einen Markt zum Absturz bringt – wer trägt die Verantwortung? Der Programmierer, der Datenlehrer, die Organisation oder die Maschine selbst? Im Gegensatz zu herkömmlichen Werkzeugen führen autonome Systeme nicht einfach vorgegebene Anweisungen aus; sie verstehen, schlussfolgern und handeln, oft auf unvorhersehbare Weise. Diese Fähigkeit zur Organisation, auch wenn sie eingeschränkt oder probabilistisch ist, zwingt uns zu einem Umdenken in unseren moralischen Rahmenbedingungen und strafrechtlichen Doktrinen.

Eines der größten moralischen Dilemmas betrifft autonome Fahrzeuge. Das sogenannte „Trolley-Problem" ist sinnbildlich geworden: Soll ein autonomes Fahrzeug ausweichen, um einen Zusammenstoß mit fünf Fußgängern zu vermeiden und dabei riskieren, einen Unfall zu verursachen und den Insassen zu töten, oder die Richtung beibehalten und die fünf Fußgänger töten? Auch wenn dieses Szenario konstruiert erscheinen mag, sind reale Entsprechungen unvermeidlich. Ingenieure und Ethiker müssen sich damit auseinandersetzen, wie sich moralische Entscheidungen in Software kodieren lassen. Darüber hinaus werden diese Entscheidungen durch den rechtlichen und kulturellen Kontext, in dem die Systeme funktionieren, noch komplexer. Was in einem Land als akzeptabler Kompromiss gilt, kann in einem anderen ethisch unzulässig sein.

Die Intransparenz von Deep-Learning-Algorithmen wirft eine weitere Ebene ethischer Probleme auf. Viele autarke Strukturen fungieren als „schwarze Boxen", was die Interpretation erschwert, wie oder warum eine bestimmte Entscheidung getroffen wurde. In hochriskanten Bereichen wie dem Gesundheitswesen oder der Luftfahrt untergräbt dieser Mangel an Erklärbarkeit Vertrauen und Verantwortlichkeit. Wenn beispielsweise ein autonomer Operationsroboter während eines Eingriffs einen Fehler macht, wie lässt sich die Ursache ermitteln? War es ein defekter Sensor, ein mehrdeutiger Datensatz oder ein unvorhergesehenes Ereignis außerhalb seines Trainingsbereichs? Die Unfähigkeit, eine klare Kausalkette zu rekonstruieren, erschwert die Zuweisung von Verantwortung und erschwert die regulatorische Aufsicht.

Im militärischen Kontext wirft der Einsatz autonomer Waffensysteme – häufig als tödliche autonome Waffensysteme

(LAWS) bezeichnet – tiefgreifende ethische und geopolitische Fragen auf. Kann ein Gerät auf einem dynamischen Schlachtfeld zuverlässig zwischen Gegnern und Zivilisten unterscheiden? Kann es menschliche Absichten, Signale oder kontextuelle Hinweise interpretieren? Kritiker argumentieren, dass die Übertragung tödlicher Gewalt an Maschinen die Prinzipien des internationalen humanitären Rechts und der Menschenwürde untergräbt. Das Risiko einer unbeabsichtigten Eskalation, algorithmischer Verzerrungen und der Entmenschlichung des Krieges erhöht den Einsatz. Viele Experten und Interessenvertretungen, darunter die Kampagne gegen Killerroboter, fordern ein präventives Verbot von LAWS, während andere strenge menschliche Kontrollmechanismen vorschlagen. Dennoch treiben die Attraktivität von Geschwindigkeit, Leistung und taktischem Nutzen die militärischen Investitionen in diese Systeme weiterhin voran.

Ethische Dilemmata gibt es auch in nicht-tödlichen Bereichen. Man denke nur an autonome Drohnen, die in der Katastrophenhilfe oder der Umweltüberwachung eingesetzt werden. Sie könnten zwar für Menschen unzugängliche Gebiete erreichen, ihre Fähigkeit zur Informationssammlung kann aber auch die Privatsphäre verletzen. Ebenso können KI-gesteuerte Roboterpfleger für ältere oder behinderte Menschen zwar die Lebensqualität steigern, aber emotionale Abhängigkeit fördern, menschliche Nähe reduzieren oder unbeabsichtigt moralische Nuancen in der Pflege übersehen. In solchen Fällen müssen Designer nicht nur die funktionalen Folgen berücksichtigen, sondern auch die menschlichen Werte und sozialen Kontexte, die durch ihre Strukturen beeinflusst werden.

Verantwortlichkeit bleibt eine zentrale Herausforderung. Traditionelle kriminelle Strukturen basieren auf dem Glauben an Organisation und Logik – Eigenschaften, die Maschinen fehlen. Wenn eine autonome Maschine versagt, wird die Feststellung der Haftung schwierig. Sollten Hersteller für alle über ihre Systeme durchgeführten Handlungen strikt zur Verantwortung gezogen werden? Oder sollten wir uns an ein verteiltes Verantwortungsmodell erinnern, das Entwickler, Datenkuratoren, Regulierungsbehörden und Nutzer umfasst? Rechtswissenschaftler haben Rahmenkonzepte wie „algorithmische Zusammenarbeit", „stellvertretende Haftung" und „verschuldensunabhängige Haftung mit Versicherungspuffern" vorgeschlagen, doch ein Konsens bleibt schwierig. Die Kluft zwischen technologischer Leistungsfähigkeit und krimineller Infrastruktur vergrößert sich weiter und erschwert die interdisziplinäre Zusammenarbeit.

Voreingenommenheit und Diskriminierung stellen ähnliche Probleme dar. Autonome Strukturen, die auf historischen Daten basieren, können soziale Ungleichheiten widerspiegeln und verstärken. Beispielsweise könnte ein autonomes Einstellungssystem Wege finden, männliche Kandidaten auf der Grundlage verzerrter Bildungsstatistiken auszuwählen. Eine autonome Sicherheitsdrohne könnte aufgrund von Mustern in den Überwachungsdaten überproportional Menschen mit dunkler Hautfarbe ins Visier nehmen. Diese moralischen Katastrophen sind nicht nur technische Fehler – sie spiegeln tiefere gesellschaftliche Probleme wider, die in Algorithmen kodiert sind. Transparenz, Gerechtigkeit und Überprüfbarkeit müssen von Anfang an in die Gestaltung dieser Strukturen integriert werden. Darüber hinaus erfordert ethische KI vielfältige Teams, inklusive Datensätze und solide Bewertungsmaßstäbe, die das menschliche Wohlbefinden über die eigene Leistung stellen.

Eine weitere wesentliche Herausforderung ist die Kostenanpassung. Autonome Systeme optimieren häufig auf präzise Ziele – Kraftstoffeffizienz, Zielgenauigkeit, Transportgeschwindigkeit –, übersehen dabei aber möglicherweise allgemeinere menschliche Werte wie Empathie, Gerechtigkeit oder Mitgefühl. Eine Transportdrohne kann beispielsweise die schnellste Route priorisieren, ohne die Lärmbelästigung in Wohngebieten zu berücksichtigen. Ein prädiktiver Polizeialgorithmus kann die Kriminalitätsreduzierung im Verhältnis zu den bürgerlichen Freiheiten maximieren. Diese Abwägungen sind nicht nur technischer Natur – sie können auch moralische Entscheidungen sein, die ethische Weitsicht erfordern.

Entwickler müssen Stakeholder, Ethiker und die Gesellschaft einbeziehen, um sicherzustellen, dass KI-Systeme mit den Werten der Gesellschaft, der sie dienen, übereinstimmen.

Die Einsatzumgebung spielt zudem eine entscheidende Rolle bei der Gestaltung moralischer Ergebnisse. Ein vollständig unabhängiges System, das in einem kontrollierten Fabrikgelände arbeitet, birgt weniger moralische Gefahren als eines, das sich in komplexen öffentlichen Bereichen bewegt. Kontextaufmerksamkeit, Umgebungswahrnehmung und moralisches Denken müssen daher auf die jeweilige Domäne zugeschnitten sein. Adaptive Systeme, die in unklaren Situationen auf menschliche Bediener reagieren können – sogenannte „Human-on-the-Loop"- oder „Human-in-Command"-Architekturen – bieten einen Weg, moralische Dilemmata zu entschärfen. Diese Designs müssen jedoch auch Latenzzeiten, Bedienerüberlastung und die Gefahr von Automatisierungsfehlern berücksichtigen – Menschen beugen sich Systemurteilen, selbst wenn diese falsch sind.

Internationale Zusammenarbeit und internationales Recht sind von entscheidender Bedeutung. Autonome Systeme, insbesondere in Bereichen wie der Luftfahrt, dem Verkehr und unserer Online-Welt, funktionieren häufig grenzüberschreitend. Fragmentierte Richtlinien können Schlupflöcher, Inkonsistenzen und Herausforderungen bei der Durchsetzung schaffen. Die Festlegung globaler Normen,

Sicherheitsstandards und ethischer Maßstäbe erfordert die Zusammenarbeit zwischen Regierungen, Industrie, Wissenschaft und Zivilgesellschaft. Organisationen wie IEEE, ISO und UNIDIR haben ethische Empfehlungen vorgelegt, doch durchsetzbare Rahmenbedingungen sind nach wie vor eingeschränkt. Ein koordinierter Ansatz ist erforderlich, um sicherzustellen, dass unabhängige KI-Systeme grundlegende Menschenrechte oder demokratische Prinzipien nicht untergraben.

Bildung und öffentliches Engagement sind ebenso wichtig. Ethische Probleme der KI sind nicht nur eine Frage von Experten; sie betreffen die Gesellschaft als Ganzes. Öffentliche Aufmerksamkeit, demokratische Beratung und partizipative Gestaltungsstrategien können dazu beitragen, die ethische Entwicklung autarker Technologien zu gestalten. Bürgerinnen und Bürger müssen mitbestimmen können, wie diese Systeme im öffentlichen Raum, im Gesundheitswesen, im Verkehr und in der Justiz eingesetzt werden. Transparenzprüfungen, algorithmische Audits und Initiativen im Bereich der Bürgertechnologie können Verantwortung und Verständnis stärken.

Der Aufstieg selbsttragender Strukturen mithilfe künstlicher Intelligenz birgt große Hoffnungen, wirft aber auch tiefgreifende ethische Dilemmata auf. Da Maschinen zunehmend die Fähigkeit erlangen, selbstständig wahrzunehmen, zu entscheiden und zu handeln, muss sich die

Menschheit neuen Fragen zu Pflicht, Gerechtigkeit, Schutz und ethischem Handeln stellen. Diese anspruchsvollen Situationen können Ingenieure nicht allein lösen; sie erfordern eine interdisziplinäre, integrative und global koordinierte Reaktion. Ethische Rahmenbedingungen müssen sich parallel zum technologischen Fortschritt weiterentwickeln, um sicherzustellen, dass Autonomie menschlichen Werten dient, anstatt sie zu untergraben. Nur dann können wir das volle Potenzial autarker KI ausschöpfen und gleichzeitig die Standards wahren, die unser gemeinsames Menschsein definieren.

# KAPITEL 3

## Künstliche Intelligenz und Verantwortung

## 3.1. Der rechtliche Status der KI

Künstliche Intelligenz (KI) hat sich rasant zu einer transformativen Technologie entwickelt und die Arbeitsweise von Menschen und Gesellschaften grundlegend verändert. Das Potenzial von KI geht jedoch über technologische Innovationen hinaus; sie wirft auch kritische kriminelle, moralische und gesellschaftliche Fragen auf. Der kriminelle Ruf von KI ist eines der zentralen Probleme, die sich mit der Entwicklung dieser Ära ergeben, und die Entwicklung krimineller Rahmenbedingungen wird zukünftige Entwicklungen prägen.

Um der Popularität von KI als Straftat entgegenzuwirken, ist es wichtig zu definieren, was im Zusammenhang mit KI als Straftat gilt. Bisher wurde KI meist als „Gegenstand" oder „Werkzeug" behandelt, d. h., sie selbst wurde nicht mehr rechtlich zur Verantwortung gezogen. Dies überträgt die Verantwortung auf die Entwickler und Nutzer von KI-Systemen. Da KI-Systeme zunehmend autonomer und komplexer werden, erweist sich dieser traditionelle Ansatz als unzureichend.

Der strafrechtliche Ruf von KI hat sich zu einem komplexen Thema entwickelt, das die Integration von KI in bestehende Rechtssysteme erfordert. Das Gesetz könnte sich zu einem gewissen Zeitpunkt auch mit der Zuweisung von

Verantwortung schwertun, da KI Entscheidungen treffen und Aufgaben autonom ausführen könnte. Dies wirft entscheidende Fragen darüber auf, wie die strafrechtlichen Folgen von KI-Aktivitäten bewertet werden müssen.

Die kriminelle Identität von KI hat sich von einer bloßen Ansammlung von Software und Algorithmen zu etwas deutlich Komplexerem entwickelt. Heute sind einige KI-Systeme so weit fortgeschritten, dass sie unabhängig agieren und Entscheidungen basierend auf ihren eigenen Lernmethoden treffen können. Diese Eigenschaft macht es zunehmend schwieriger, KI einfach als „Maschine" zu betrachten, und manchmal stellt sich die Frage, ob KI selbst eine kriminelle Identität haben sollte. Wenn beispielsweise ein KI-System aufgrund einer Fehlfunktion Schaden verursacht oder eine falsche Entscheidung trifft, wer muss dann zur Verantwortung gezogen werden – seine Entwickler, seine Nutzer oder die KI selbst?

Um diese kriminellen Unklarheiten zu beseitigen, wird in vielen Ländern häufig den Entwicklern und Nutzern von KI-Systemen Verantwortung übertragen. Diese Verantwortung lässt sich jedoch nur schwer definieren, insbesondere da sich KI kontinuierlich anpasst und dadurch unvorhersehbar wird. Da KI-Strukturen lernen und sich anpassen, ist ihr Verhalten nicht mehr vollständig vorhersehbar, was die Zuweisung der Verantwortung für ihre Handlungen erschwert.

Ein weiterer großer Bereich der rechtlichen Auswirkungen von KI betrifft Verträge. KI- Software wird heute zunehmend eingesetzt, um verschiedene Handelsverträge, Finanztransaktionen und Strafakten zu erstellen und durchzusetzen. Dies wirft die Frage auf, ob eine durch KI erstellte Vereinbarung die gleiche strafrechtliche Bedeutung hat wie eine durch Menschen erstellte. In vielen Rechtsräumen ist die Gültigkeit einer durch KI erstellten Vereinbarung nach wie vor umstritten.

Wenn beispielsweise ein KI-System eine Vereinbarung zwischen einem Dienstanbieter und einem Nutzer herstellt, wäre dieser Vertrag im Rahmen der geltenden strafrechtlichen Rahmenbedingungen gültig oder nur in den Augen der KI-Entwickler gültig? Wie sollten strafrechtliche Rahmenbedingungen gestaltet werden, um die Rolle der KI bei der Vertragsgestaltung und -durchsetzung abzubilden und zu regulieren, damit diese Verfahren fair und transparent sind?

Während KI in vielen Branchen weit verbreitet ist, um die Produktivität zu steigern und menschliche Fehler zu reduzieren, bringt sie auch strafrechtliche Konsequenzen mit sich. Wer trägt beispielsweise die finanzielle Verantwortung, wenn ein KI-Gerät eine Fehlfunktion hat oder eine falsche Entscheidung trifft, die Schaden oder Verletzungen verursacht? Die Beteiligung von KI an der Entscheidungsfindung, insbesondere wenn ihre Handlungen Schaden verursachen, wirft wichtige strafrechtliche Fragen auf.

Die Haftung für durch KI verursachte Schäden liegt typischerweise eher bei den Entwicklern oder Nutzern des Geräts. Da KI jedoch zunehmend autonomer und unparteiischer wird, wird die Bestimmung der rechtlichen Verantwortung komplexer. Der strafrechtliche Rahmen sollte die Möglichkeit berücksichtigen, dass KI-Systeme Entscheidungen außerhalb menschlicher Kontrolle treffen können. Dies könnte ein Umdenken bei der Haftungszuweisung erfordern.

Die rechtlichen Regelungen rund um KI stecken noch in den Kinderschuhen und unterscheiden sich stark von Land zu Land. Da KI jedoch weiter zunimmt, beginnen viele Länder, rechtliche Richtlinien für den Einsatz von KI einzuführen. So hat beispielsweise die Europäische Union Schritte unternommen, um Gesetze zu erlassen, die den ethischen Einsatz von KI und ihre Vereinbarkeit mit Menschenrechten und Grundfreiheiten regeln.

Diese Vorschriften berücksichtigen jedoch häufig nicht alle Anwendungsbereiche von KI. Beispielsweise erfordert der Einsatz von KI im Militär, im Gesundheitswesen oder im Finanzsektor spezifische, maßgeschneiderte Regelungen. Die vielfältigen Anwendungen von KI erfordern anpassungsfähige rechtliche Rahmenbedingungen, um den Nuancen jedes Sektors gerecht zu werden. So muss beispielsweise ein rechtlicher Rahmen für KI im Gesundheitswesen auch Datenschutzgesetze, medizinische Ethik und Patientensicherheit berücksichtigen, während im Finanzwesen die Bedenken hinsichtlich Marktmanipulation und Transparenz eher allgemeiner Natur sind.

Der rechtliche Status von KI bleibt weltweit ein zunehmend diskutiertes Thema. Die in diesem Bereich ergriffenen Maßnahmen werden sich nicht nur auf die Produktionsunternehmen auswirken, sondern auch auf Regierungen und Gesetzgeber, die die Komplexität der Regulierung dieses mächtigen Instruments bewältigen müssen. Da sich die KI-Technologie weiterentwickelt, bedarf es einer umfassenden Debatte und politischen Entwicklung, um zu entscheiden, wie KI in das Strafrechtssystem integriert werden kann.

Die Schaffung eines strafrechtlichen Rahmens für KI, der sowohl die Vorteile als auch die Risiken dieser Technologie berücksichtigt, könnte wichtig sein, um sicherzustellen, dass die Fähigkeiten der KI vollständig ausgeschöpft werden, ohne soziale und ethische Standards zu untergraben. Ein vielschichtiger Ansatz zur Bekämpfung des strafrechtlichen Rufs von KI könnte entscheidend sein, da diese Ära eine Vielzahl von Bereichen betrifft – von Datenschutz und Sicherheit bis hin zu Wirtschaftsmärkten und Gesundheitswesen.

Da sich KI-Systeme ständig weiterentwickeln, muss die Verantwortung für ihre Handlungen und Entscheidungen klar definiert werden. Diese Verantwortung liegt nicht nur bei den Entwicklern und Nutzern von KI, sondern auch bei der Gesellschaft als Ganzes. Sie muss dafür sorgen, dass sich die Rechtssysteme parallel zu diesen Technologien weiterentwickeln, um die gängigen Standards zu wahren.

### 3.2. Verantwortung: Maschine oder Mensch?

Die Frage der Verantwortung im Kontext künstlicher Intelligenz (KI) ist ein tiefgreifendes und komplexes Thema, das in den letzten Jahren strafrechtliche, ethische und philosophische Debatten ausgelöst hat. Mit zunehmender Autonomie von KI-Systemen beeinflussen ihre Entscheidungen zunehmend Menschenleben. Da diese Systeme jedoch ohne direkte menschliche Einflussnahme funktionieren, wird die Frage der Verantwortungszuweisung zunehmend schwieriger. Sollte die Verantwortung für die Handlungen einer KI beim System selbst, seinen Entwicklern oder den Nutzern des Geräts liegen? Diese Frage berührt grundlegende Probleme in Recht, Ethik und Technologie und erfordert eine sorgfältige Prüfung sowohl der menschlichen als auch der maschinellen Organisation.

Historisch gesehen lag die Verantwortung für Handlungen stets beim Menschen – Einzelpersonen oder Unternehmen, die bewusste Entscheidungen treffen können.

Im Fall von KI liegt die Verantwortung traditionell bei den menschlichen Akteuren, die an Entwurf, Entwicklung, Einsatz und Nutzung der Technologie beteiligt sind. Von den Entwicklern von KI-Systemen wird beispielsweise erwartet, dass sie die Verantwortung für Design und Funktion der von ihnen entwickelten Systeme übernehmen und sicherstellen, dass ihre Kreationen innerhalb angemessener moralischer und rechtlicher Grenzen funktionieren. Darüber hinaus tragen Einzelpersonen und Unternehmen, die KI nutzen, die Verantwortung für die mithilfe von KI getroffenen Entscheidungen.

Einer der Hauptgründe für die häufige Betonung menschlicher Verantwortung in diesen Zusammenhängen ist, dass KI-Strukturen zwar Aufgaben autonom ausführen können, aber dennoch von Menschen entwickelt, programmiert und gewartet werden können. Daher, so das Argument, trage der Mensch letztlich die Verantwortung für die Fähigkeiten und Grenzen der KI sowie für die Folgen ihrer Handlungen. Die Komplexität und Autonomie der aktuellen KI stellen jedoch die Angemessenheit dieses Rahmens in Frage.

Die Möglichkeit, Maschinen direkt Verantwortung zu übertragen, ist umstritten. KI-Systeme – insbesondere solche, die ausschließlich auf maschinellem Lernen basieren – können sich im Laufe der Zeit durch den Kontakt mit Daten und Berichten weiterentwickeln und Entscheidungen treffen, die von ihren Entwicklern möglicherweise nicht vorhergesehen wurden. Beispielsweise treffen KI-Systeme in selbstfahrenden Autos Entscheidungen in Sekundenbruchteilen, die über Leben und Tod entscheiden können. Wenn ein autonomes Fahrzeug eine Entscheidung trifft, die zu einer Schicksalswende führt, sollten dann das Fahrzeug oder sein Hersteller zur Verantwortung gezogen werden? Oder sollte die Verantwortung bei dem Menschen liegen, der den Betrieb des Fahrzeugs eingeleitet hat?

Befürworter der Maschinenhaftung argumentieren, dass KI-Systeme in bestimmten Fällen für ihre Handlungen zur Verantwortung gezogen werden müssen, insbesondere wenn ihre Autonomie ein Stadium erreicht, in dem sie unabhängige Entscheidungen treffen, die Auswirkungen auf Menschenleben haben. Beispielsweise könnte bei vollständig autonomen Robotern oder Fahrzeugen argumentiert werden, dass eine KI-Maschine, die in der Lage ist, basierend auf Eingabedaten und Spielaktionen ohne direkte menschliche Aufsicht eigene Entscheidungen zu treffen, für ihr Verhalten zur Verantwortung gezogen werden sollte.

Diese Position wirft jedoch erhebliche Fragen auf. Im Gegensatz zu Menschen fehlt Maschinen die Fähigkeit zum ethischen Denken und die Fähigkeit, die Folgen ihres Handelns zu erkennen. Maschinen arbeiten nach vorprogrammierten Algorithmen und erlernten Mustern. Das bedeutet, dass sie zwar unabhängig handeln, aber nicht in der Lage sind, moralische Entscheidungen wie Menschen zu treffen. Dies wirft Fragen zur Fairness und Praktikabilität der verantwortungsvollen Behandlung von KI-Systemen auf.

Da Maschinen selbst nicht über die für moralische Entscheidungen unerlässlichen ethischen Denkfähigkeiten verfügen, wird die Verantwortung tendenziell den Menschen zugeschrieben, die KI-Systeme entwerfen und bauen. Entwickler, Hersteller und Unternehmen, die KI einsetzen, werden oft rechtlich und ethisch für die Aktionen von KI-Strukturen verantwortlich gemacht. Die Rolle von Entwicklern und Herstellern ist entscheidend, um sicherzustellen, dass KI-Strukturen korrekt, verantwortungsvoll und ethisch funktionieren.

Im Kontext autonomer Fahrzeuge müssen Hersteller beispielsweise sicherstellen, dass die Algorithmen, die das Fahrzeugverhalten steuern, die Sicherheit priorisieren und strafrechtlichen Standards entsprechen. Ebenso sind Entwickler dafür verantwortlich, KI-Systeme zu testen, um unerwartete oder schädliche Folgen zu verhindern. Verursacht ein KI-Gerät aufgrund eines Konstruktionsfehlers oder einer fehlerhaften Datenverwendung Schaden, kann der Hersteller oder Entwickler für den entstandenen Schaden haftbar gemacht werden. Dieses Konzept der „Designerverantwortung" steht im Einklang mit traditionellen Rechtsrahmen, die menschliche Akteure, die für Produkte und

Dienstleistungen verantwortlich sind, in die Verantwortung nehmen.

Diese Sichtweise steht jedoch auch vor Herausforderungen. Da KI-Systeme immer komplexer werden, können Entwickler und Hersteller die Entscheidungen der KI möglicherweise nicht immer vollständig nachvollziehen, insbesondere bei maschinellen Lernsystemen, bei denen die KI aus großen Datenmengen „lernt". In solchen Fällen verschwimmt die Grenze zwischen menschlicher Verantwortung und maschinellem Verhalten.

Ein weiterer wichtiger Teil der Verantwortung liegt bei den Nutzern von KI-Systemen. In vielen Fällen interagieren Nutzer mit KI-Systemen und leiten sie an, bestimmte Aufgaben auszuführen. Beispielsweise kann ein KI-gestütztes Beratungssystem auf einer E-Commerce-Plattform zwar Produkte basierend auf Kundenpräferenzen vorschlagen, die Kaufentscheidung trifft jedoch der Mensch selbst. Bei autonomen Fahrzeugen kann der Nutzer zwar ein Ziel angeben, steuert aber nicht direkt die Fahrt des Fahrzeugs.

Obwohl Kunden KI-Systeme möglicherweise nicht entwerfen oder programmieren, tragen sie regelmäßig die Verantwortung für deren Einsatz und Nutzung. In diesem Zusammenhang müssen Nutzer sicherstellen, dass sie KI-Systeme verantwortungsvoll und ethisch nutzen. Handeln Kunden fahrlässig oder nutzen KI-Systeme auf gefährliche Weise, werden sie für etwaige negative Folgen zur

Verantwortung gezogen. Wird beispielsweise eine autonome Drohne rücksichtslos eingesetzt und verursacht sie Schaden, kann der Betreiber die strafrechtlichen Folgen tragen, obwohl das KI-System die Bewegung gesteuert hat.

Die zunehmende Komplexität von KI-Systemen erschwert es Nutzern jedoch, die Entscheidungen der KI vollständig zu erfassen, insbesondere bei „Black-Box"-Modellen, bei denen die Gründe für die Entscheidungen nicht offensichtlich sind. Dieser Verlust an Transparenz erschwert die Verpflichtung der Nutzer, insbesondere wenn diese die mit KI-Systemen verbundenen Kapazitätsrisiken oder moralischen Probleme nicht kennen.

Angesichts der zunehmenden Komplexität von KI-Systemen und ihrer zunehmenden Autonomie reichen die bestehenden rechtlichen Rahmenbedingungen für die Zuweisung von Verantwortung nicht mehr aus. Mit der fortschreitenden Weiterentwicklung der KI müssen neue Verantwortungsmodelle entwickelt werden, um den besonderen Anforderungen selbsttragender Systeme gerecht zu werden. Diese Rahmenbedingungen müssen auch die geteilte Verantwortung zwischen Maschinen, menschlichen Entwicklern, Herstellern und Kunden berücksichtigen.

Einige Experten schlagen das Konzept der „gemeinsamen Verantwortung" vor, bei dem KI-Systeme, Entwickler und Nutzer gemeinsam für die von der KI ausgeführten Aktionen verantwortlich sind. In diesem Modell würden KI-Systeme für bestimmte Entscheidungen zur Verantwortung gezogen, während Menschen – ob Entwickler oder Nutzer – zusätzlich für den Kontext der KI-Nutzung und für die ethische Entwicklung und den Einsatz der Systeme verantwortlich wären.

Da KI-Systeme zunehmend autonomer werden, ist es zudem unerlässlich, strenge Regeln für die Übertragung von Verantwortung an Maschinen zu entwickeln. Diese Regeln sollten sicherstellen, dass KI-Systeme Sicherheit, Ethik und Verantwortung priorisieren und Mechanismen für die menschliche Kontrolle in Fällen entwickeln, in denen die Entscheidungen der KI erhebliche Auswirkungen haben.

Die Frage der Verantwortung – ob sie bei Maschinen, Menschen oder beiden liegt – wirft komplexe und grundlegende Probleme auf, die angegangen werden müssen, da KI zu einem integralen Bestandteil der Gesellschaft wird. Menschliche Verantwortung bleibt zwar ein wichtiger Aspekt der KI-Ethik und -Regulierung, doch die zunehmende Autonomie von KI-Strukturen stellt traditionelle Rahmenbedingungen in Frage und erfordert die Entwicklung neuer Rechenschaftsmethoden. Mit der fortschreitenden technologischen Entwicklung muss die Gesellschaft darüber nachdenken, wie die Rolle von Maschinen bei der Entscheidungsfindung mit der moralischen und rechtlichen

Verantwortung menschlicher Akteure in Einklang gebracht werden kann.

## *3.3. Entscheidungsfindung und ethische Entscheidungen*

Die Schnittstelle zwischen künstlicher Intelligenz (KI) und Entscheidungsfindung wirft zahlreiche ethische Dilemmata auf, die die Grenzen menschlicher Organisation und Moral überschreiten. Die Fähigkeit der KI, Entscheidungen – häufig unabhängig – zu treffen, führt zu neuen Dimensionen der Verpflichtung und ethischen Erwägungen und wirft wichtige Fragen zum Wesen von Wahl, Autonomie und Verantwortung auf.

Im Zentrum des Entscheidungsprozesses der KI stehen Algorithmen – mathematische Modelle, die entwickelt wurden, um Informationen zu analysieren, Trends zu verstehen und Vorhersagen zu treffen oder Entscheidungen zu treffen. Herkömmliche KI-Systeme basieren auf regelbasierten Algorithmen, bei denen ein Satz vordefinierter Anweisungen die Entscheidungsfindung vorgibt. Moderne KI, insbesondere Systeme des Systemlernens (ML) und des Deep Learning (DL), funktioniert jedoch anders. Diese Modelle können aus großen Datenmengen „lernen", sich an neue Bedingungen anpassen und Entscheidungen basierend auf vergangenen Geschichten statt auf spezifischer Programmierung treffen.

Im maschinellen Lernen ist der Entscheidungsprozess nicht statisch, sondern entwickelt sich im Laufe der Zeit weiter. KI-Systeme basieren auf Statistiken, wodurch sie Beziehungen, Korrelationen und Muster im Datenbestand erkennen können. Dies bedeutet, dass KI Vorhersagen treffen, Klassifizierungen vornehmen und Maßnahmen ergreifen kann, die für Menschen unvorhersehbar sind. Obwohl diese Systeme recht effizient sind und große Datenmengen verarbeiten können, mangelt es ihnen oft an Transparenz – was zu Verantwortlichkeitsbedenken führt, wenn ein KI-System eine unerwartete oder gefährliche Entscheidung trifft. Im Kontext ethischer Entscheidungen ist mangelnde Transparenz ein entscheidendes Problem, da sie es schwierig macht, nachzuvollziehen, wie und warum ein KI-System zu einem bestimmten Ergebnis gelangt ist.

Der Nutzen von KI für Entscheidungsprozesse wirft wichtige moralische Fragen auf. Wie müssen KI-Systeme gestaltet werden, um sicherzustellen, dass ihre Entscheidungen mit menschlichen Werten übereinstimmen? Welche moralischen Rahmenbedingungen können die Entscheidungen von KI in Situationen leiten, in denen die Ergebnisse weitreichende Auswirkungen auf Mensch und Gesellschaft haben?

Es gibt verschiedene moralische Strategien, die auf die Entscheidungsfindung von KI angewendet werden können. Diese Rahmenbedingungen zielen darauf ab, sicherzustellen, dass KI-Strukturen bei ihren Entscheidungen moralische Standards und das menschliche Wohl berücksichtigen:

1. Utilitarismus: Dieses ethische Prinzip besagt, dass die richtige Entscheidung diejenige ist, die das grundlegende Glück oder Wohlbefinden maximiert. Bei KI-Entscheidungen würde ein utilitaristischer Ansatz Entscheidungen treffen, die der größtmöglichen Anzahl von Menschen zugutekommen, auch wenn dies bedeutet, die Interessen einiger weniger zu opfern. Beispielsweise könnte ein KI-System im Gesundheitswesen Behandlungen für Patienten mit den höchsten Überlebenschancen priorisieren und Patienten mit geringeren Chancen möglicherweise ausschließen. Die Anwendung des Utilitarismus in KI-Systemen ist jedoch umstritten, da sie Bedenken hinsichtlich der Gerechtigkeit und der Behandlung von Minderheiten oder gefährdeten Gruppen aufwirft.

2. Deontologische Ethik: Die Deontologie konzentriert sich auf die Einhaltung von Regeln, Pflichten und Rechten anstelle der Ergebnisse von Handlungen. Bei der Entscheidungsfindung durch KI bedeutet dies, sicherzustellen, dass KI-Systeme Entscheidungen treffen, die Menschenrechte anerkennen, Gerechtigkeit wahren und Schaden vermeiden, unabhängig von den Folgen. Beispielsweise müssten KI-Systeme in der Strafjustiz oder Strafverfolgung moralischen Empfehlungen folgen, die die Rechte des Einzelnen schützen und sicherstellen, dass die von der KI getroffenen

Entscheidungen nicht gegen die Regeln verstoßen oder zu ungerechten Konsequenzen führen.

3. Tugendethik: Die Tugendethik betont die Bedeutung der Entwicklung wahrer menschlicher Tugenden wie Mitgefühl, Ehrlichkeit und Gerechtigkeit. In der KI könnte dieser Ansatz die Entwicklung von Systemen beinhalten, die tugendhaftes Verhalten in ihren Entscheidungsprozessen nachbilden. Beispielsweise könnte eine KI im sozialen Bereich so programmiert werden, dass sie im Umgang mit bedürftigen Menschen Empathie zeigt. Die Entwicklung einer individuellen Ethik in der KI stellt jedoch eine Herausforderung dar, da Tugenden subjektiv und kulturell geprägt sind. Dies erschwert die Definition allgemeingültiger Standards für das Verhalten von KI.

4. Pflegeethik: Pflegeethik betont die Bedeutung von Beziehungen, Empathie und dem Wohlbefinden von Menschen. Im Kontext von KI könnte ein Pflegeethik-Ansatz Entscheidungen priorisieren, die die Menschenwürde wahren oder verbessern und schutzbedürftige Menschen schützen. Eine KI in der Pflege, beispielsweise in der Betreuung älterer Menschen, könnte so konzipiert werden, dass sie das Wohlbefinden von Menschen priorisiert und sicherstellt, dass ihre emotionalen und körperlichen Bedürfnisse mit Mitgefühl erfüllt werden.

Diese ethischen Rahmenbedingungen bilden zwar eine Grundlage für moralische Entscheidungen in der KI, schließen sich aber nicht aus. In der Praxis können KI-Strukturen Aspekte verschiedener ethischer Theorien integrieren, und ihre Entscheidungen müssen flexibel, kontextangepasst und auf sich entwickelnde Situationen abgestimmt sein.

Eine der größten Herausforderungen bei der Entscheidungsfindung durch KI ist der damit verbundene Verlust an Transparenz. Viele KI-Strukturen, insbesondere solche, die vollständig auf Deep Learning basieren, fungieren als „schwarze Container", in denen das Entscheidungssystem für Menschen nicht ohne Probleme verständlich ist. Diese Intransparenz wirft ethische Fragen auf, insbesondere in Bereichen mit hohem Risiko wie dem Gesundheitswesen, der Strafverfolgung und dem Finanzwesen, in denen Entscheidungen das Leben der Menschen erheblich beeinflussen können.

Um diesem Problem zu begegnen, hat sich das Feld der „erklärbaren KI" (XAI) entwickelt, das sich auf die Entwicklung von KI-Systemen spezialisiert, die klare und verständliche Gründe für ihre Entscheidungen liefern. Um ethische Entscheidungen treffen zu können, müssen KI-Systeme sowohl Nutzern als auch Stakeholdern erklärbar sein, damit ihre Entscheidungen überprüft und zur Rechenschaft gezogen werden können. Wird beispielsweise ein KI-System bei der Einstellung von Mitarbeitern eingesetzt und lehnt es einen Kandidaten ab, muss der Kandidat nachvollziehen können, warum die Entscheidung getroffen wurde – sei es aufgrund von Voreingenommenheit, fehlender Qualifikation oder anderen Faktoren. Diese Transparenz ermöglicht es Einzelpersonen, KI-gesteuerte Entscheidungen zu treffen und stellt sicher, dass das System reibungslos funktioniert.

Erklärbarkeit ist nicht nur für die Rechenschaftspflicht wichtig, sondern auch für das Vertrauen in sie. Nutzer akzeptieren KI-Entscheidungen eher, wenn sie verstehen, wie diese Entscheidungen getroffen wurden, insbesondere wenn diese ihr Leben beeinflussen. Ohne Transparenz können KI-Systeme als willkürlich oder unfair wahrgenommen werden, was zu mangelndem Vertrauen in ihre Software und Integrität führt.

Da KI-Systeme zunehmend in verschiedene Bereiche des Lebens integriert werden, sind sie unweigerlich mit Bedingungen konfrontiert, die ethische Dilemmata mit sich bringen. Diese Dilemmata beinhalten Alternativen, bei denen es möglicherweise keine klare „richtige" Lösung gibt und das System konkurrierende Werte und Interessen berücksichtigen muss. Einige Beispiele für moralische Dilemmata bei der KI-Auswahl sind:

1. Autonome Fahrzeuge: Wenn ein autonomes Auto in eine unausweichliche Situation gerät, sollte die KI dann der Sicherheit der Passagiere oder der Fußgänger Priorität einräumen? Dieses klassische „Trolley-Problem" wirft schwierige Fragen auf: Wie muss die KI Entscheidungen über

Leben und Tod treffen und welche Werte müssen diese Entscheidungen leiten?

2. KI im Gesundheitswesen: Im Gesundheitswesen können KI-Systeme Entscheidungen über die Verteilung begrenzter Ressourcen treffen, darunter Beatmungsgeräte oder Organtransplantationen. Sollte ein KI-System die Rettung junger Menschen mit höheren Überlebenschancen priorisieren oder sollten neben der Lebensqualität und dem gesellschaftlichen Beitrag der Patienten auch andere Faktoren berücksichtigt werden?

3. Strafjustiz: KI-Systeme werden zunehmend in der prädiktiven Polizeiarbeit und Strafzumessung eingesetzt. Dabei muss KI das Rückfallrisiko, die Herkunft des Täters und gesellschaftliche Interessen berücksichtigen. Wie können diese Systeme die Fortführung bestehender Vorurteile verhindern und faire Konsequenzen für alle Beteiligten sicherstellen?

4. Social-Media-Algorithmen: KI-gesteuerte Algorithmen, die Inhalte auf Social-Media-Plattformen befürworten, stehen vor ethischen Herausforderungen, wenn es darum geht, die Meinungsfreiheit mit der Verhinderung schädlicher Inhalte wie Hassreden oder Falschinformationen in Einklang zu bringen. Wie sollten KI-Systeme entscheiden, welche Inhalte gefördert oder unterdrückt werden sollen, und inwieweit muss die Nutzerautonomie respektiert werden?

Diese ethischen Dilemmata verdeutlichen, wie schwierig es ist, KI-Strukturen so zu programmieren, dass sie moralisch vertretbare Entscheidungen treffen. Zudem muss sichergestellt werden, dass die Entscheidungen der KI mit gesellschaftlichen Werten im Einklang stehen.

Die Schnittstelle zwischen Entscheidungsfindung und Ethik in der Künstlichen Intelligenz stellt eine der größten Herausforderungen bei der Entwicklung und dem Einsatz von KI-Systemen dar. Mit der Weiterentwicklung der KI können die mithilfe dieser Systeme getroffenen Entscheidungen tiefgreifende Auswirkungen auf Einzelpersonen und die Gesellschaft haben. Es ist entscheidend, ethische Rahmenbedingungen zu schaffen, die die Entscheidungsfindung von KI leiten und sicherstellen, dass die Systeme menschliche Werte widerspiegeln, Gerechtigkeit wahren und Menschenrechte schützen. Darüber hinaus sollten Transparenz und Erklärbarkeit Priorität haben, um Vertrauen in KI-Systeme aufzubauen und sicherzustellen, dass ihre Entscheidungen verstanden, bewertet und zur Verantwortung gezogen werden können. Da sich der Bereich der KI weiterentwickelt, ist es wichtig, sich an laufenden Diskussionen über die ethischen Auswirkungen von KI-Entscheidungen zu beteiligen und Rahmenbedingungen zu entwickeln, die die Fähigkeiten von KI mit den ethischen Verpflichtungen, die mit ihrem Einsatz einhergehen, in Einklang bringen.

### 3.4. KI-Verantwortlichkeit in der Praxis

Künstliche Intelligenz hat sich von einem experimentellen Feld zu einer allgegenwärtigen Kraft entwickelt, die den Handel in allen Branchen vorantreibt – vom Finanzwesen über das Gesundheitswesen und den Transport bis hin zur Verwaltung. Mit diesem Wandel geht die wachsende Erkenntnis einher, dass KI-Systeme, die häufig Entscheidungen treffen oder beeinflussen, die einst Menschen vorbehalten waren, zur Rechenschaft gezogen werden müssen. Doch Rechenschaftspflicht im Bereich KI ist ein komplexes und vielschichtiges Problem. Sie beinhaltet rechtliche, technische, organisatorische und ethische Aspekte. Um zu verstehen, wie Rechenschaftspflicht in der Praxis funktioniert, muss analysiert werden, wie Verantwortung übertragen, Transparenz durchgesetzt und Rechtsbehelfe umgesetzt werden, wenn KI-Systeme Schaden verursachen. In diesem Kapitel untersuchen wir, wie praktische KI-Rechenschaftspflicht aussieht, welche Rahmenbedingungen dafür entwickelt werden und welche realen Herausforderungen ihre Anwendung weiterhin erschweren.

Im Kern bezieht sich Verantwortung in der KI auf die Mechanismen und Pflichten, die sicherstellen, dass Entwickler, Betreiber und Nutzer von KI-Systemen für ihr Handeln und die Auswirkungen dieser Strukturen verantwortlich sind. Im Gegensatz zu herkömmlichen Technologien kann KI mit selbsterhaltender Entscheidungsfindung und undurchsichtigem gesunden Menschenverstand prahlen, was die Nachvollziehbarkeit der Verantwortung erschwert. In der Praxis geht es bei der Rechenschaftspflicht jedoch darum, sicherzustellen, dass Systeme im Einklang mit rechtlichen und ethischen Standards funktionieren und dass bei Verstößen gegen diese Standards Rechtsmittel eingelegt werden können.

Einer der wichtigsten Pfeiler der KI-Verantwortung ist Transparenz. Konkret bedeutet Transparenz eine klare Dokumentation darüber, wie ein KI-System qualifiziert wurde, welche Statistiken es verwendete, welche Annahmen seinem Design zugrunde lagen und welche Risiken berücksichtigt wurden. Unternehmen müssen zunehmend „Modellkarten" und „Datenblätter" erstellen, die die eingesetzten Systeme begleiten. Diese Artefakte dienen als technische Offenlegungen und beschreiben detailliert die Architektur der KI-Maschine, Schulungsmethoden, Datenquellen, Einschränkungen und das erwartete Verhalten in außergewöhnlichen Kontexten. Eine solche Dokumentation beseitigt zwar nicht die Intransparenz von Deep-Learning-Modellen, bietet aber eine Grundlage für die nachträgliche Bewertung von Entscheidungen und die Überprüfung des KI-Verhaltens.

Eine weitere praktische Verantwortungsebene ist die Wirtschaftsprüfung. Interne und externe Audits untersuchen, ob KI-Systeme regulatorische und ethische Standards einhalten. Dabei können auch Aspekte wie Voreingenommenheit und

Fairness, Leistungseinbußen, Interpretierbarkeit, Datenschutz und Cybersicherheit untersucht werden. Unabhängige Wirtschaftsprüfer von Drittanbietern werden regelmäßig in Hochrisikobereichen wie dem Finanz- und Gesundheitswesen eingesetzt. Beispielsweise können Banken, die Kreditbewertungsalgorithmen verwenden, mit Geldstrafen oder Reputationsschäden rechnen, wenn ihre Modelle rassistische oder geschlechtsspezifische Voreingenommenheit aufweisen. Wirtschaftsprüfer analysieren historische Entscheidungsprotokolle, prüfen Nebenfälle und analysieren die statistische Parität, um komplexe Trends zu erkennen. Die Regulierungsbehörden drängen zunehmend auf obligatorische Wirkungstests und Transparenzberichte – strukturierte Überprüfungen der gesellschaftlichen Auswirkungen eines KI-Systems, ähnlich wie die für Entwicklungsprojekte erforderlichen Umweltverträglichkeitsprüfungen.

Verantwortlichkeit erfordert auch innerhalb von Unternehmen eine Reihe von Verantwortlichkeiten. Dies beinhaltet klar definierte Rollen für KI-Entwickler, Produktmanager, Rechtsberater und Compliance-Beauftragte. Ähnlich wie beim Datenschutz, wo die DSGVO die Ernennung eines Datenschutzbeauftragten (DSB) vorschreibt, empfehlen einige regulatorische Rahmenbedingungen die Ernennung von KI-Ethikbeauftragten oder Responsible AI Leads. Diese Rollen sollen den ethischen Lebenszyklus von KI-

Systemen – von Design und Schulung bis hin zu Einsatz und Überwachung – überwachen und als Bindeglied zwischen technischen Teams und externen Stakeholdern fungieren. Bei Schäden oder unerwartetem Verhalten eines KI-Systems ist es wichtig nachzuvollziehen, wer für welche Entscheidungen im Entwicklungsprozess verantwortlich war und welche Sicherheitsvorkehrungen getroffen wurden.

Die Einbeziehung von Verantwortlichkeit in KI-Entwicklungspipelines bedeutet auch, einen Lebensstil ethischer Reflektion und Dokumentation zu fördern. „AI Incident Reporting" ist eine neue Praxis, die sich an der Luftfahrt und der Wissenschaft orientiert. Dabei werden unerwartete Ereignisse oder Beinaheunfälle dokumentiert und anonym weitergegeben, um institutionelles Wissen aufzubauen und Wiederholungen zu vermeiden. Initiativen wie die „AI Incident Database" der Partnership on AI ermutigen Organisationen, Informationen über Fehler oder unbeabsichtigte Ergebnisse in KI-Systemen zu teilen. Durch das Lernen aus kollektiven Fehlern kann die Branche robustere Systeme entwickeln und höhere Standards schaffen.

Die rechtliche Haftung ist in der Praxis ein zentraler Aspekt der Verantwortung. Wenn ein KI-System Schaden verursacht – beispielsweise ein autonomes Auto, das mit einem Fußgänger zusammenstößt –, ist die Feststellung der rechtlichen Verantwortung eine komplexe Aufgabe. Traditionelle Strafsysteme basieren auf menschlichen Akteuren und können verteilte Unternehmen nicht effektiv erfassen. Gerichtsbarkeiten experimentieren mit Strafsystemen, die „verschuldensunabhängige Haftung" (Unternehmen haftbar machen, unabhängig von Fahrlässigkeit) oder „Produkthaftung" (KI als fehlerhaftes Produkt behandeln) umfassen. Es gibt auch Diskussionen über die Schaffung eines separaten Strafregisters für autonome Anbieter, obwohl dies weiterhin umstritten ist. Der KI-Act der Europäischen Union beispielsweise führt ein risikobasiertes Recht ein und weist die Betreiber von KI-Systemen mit hohem Risiko der Verantwortung zu, indem er Dokumentation, Risikoprüfungen und menschliche Aufsicht verlangt.

In der Praxis reagieren Unternehmen auf diese sich verändernde Rechtslandschaft mit dem Aufbau interner Governance-Rahmenwerke. Diese umfassen häufig Ethikkommissionen, Checklisten für verantwortungsvolle KI und Schulungsprogramme für Entwickler. Unternehmen wie Google, Microsoft und IBM haben KI-Standards veröffentlicht und Verantwortungsgruppen für KI eingerichtet, die diese umsetzen sollen. Kritiker argumentieren jedoch, dass freiwillige Verpflichtungen ohne Durchsetzung und externe Kontrolle nicht ausreichen. Daher gewinnen Multi-Stakeholder-Projekte unter Einbeziehung von Zivilgesellschaft, Wissenschaft und Regierung als kollaborative Governance-Modelle an Bedeutung.

Nutzerzentrierte Verantwortung ist eine weitere wichtige Praxis. Dieser Ansatz stellt sicher, dass Nutzer und Betroffene klare Möglichkeiten haben, KI-Entscheidungen anzufechten und Wiedergutmachung zu fordern. Beispielsweise müssen im Bereich automatisierter Einstellungstools Bewerber, denen aufgrund algorithmischer Entscheidungen eine Anstellung verweigert wurde, über die Logik der Entscheidung informiert werden und die Möglichkeit haben, Einspruch einzulegen oder eine menschliche Beurteilung anzufordern. Im Gesundheitswesen müssen Patienten, die diagnostischen Systemen unterzogen werden, die Diagnoseabsicht verstehen und eine zweite Beurteilung anfordern können. Das Konzept der „aussagekräftigen menschlichen Beurteilung" ist mittlerweile in vielen Vorschriften verankert, um die vollständige Automatisierung bei Entscheidungen mit hohem Risiko zu verhindern.

Überwachungs- und Kommentarschleifen sind für den langfristigen Einsatz von entscheidender Bedeutung. KI-Systeme sind nicht statisch – sie lernen, aktualisieren und entwickeln sich weiter. Kontinuierliches Monitoring stellt sicher, dass die Systeme auch unter sich verändernden Bedingungen zuverlässig, korrekt und sicher bleiben. Modellfluss, aggressive Angriffe oder versehentliche Kommentarschleifen können dazu führen, dass ehemals zuverlässige Modelle nachlassen. Unternehmen setzen daher auf Geräte zur Leistungsprotokollierung, Warnsysteme für anomales Verhalten und Trainingsprotokolle basierend auf neuen Daten. Diese kontinuierliche Überwachung stellt jedoch insbesondere kleinere Unternehmen vor logistische und finanzielle Herausforderungen.

Open-Source-Modelle und -Frameworks tragen zur praktischen Umsetzung bei, indem sie Peer-Reviews und die Kontrolle durch die Community ermöglichen. Wenn KI-Systeme proprietär und undurchsichtig sind, hat die Öffentlichkeit kaum eine Möglichkeit, sie zu bewerten. Werden Modelle, Datensätze und Code jedoch öffentlich zugänglich gemacht, können sie auf Fairness, Sicherheit und Integrität analysiert werden. Initiativen wie die Dokumentationsstandards von OpenAI, die Versionskarten von Hugging Face oder das Responsible AI Toolkit von Google bieten Entwicklern sinnvolle Tools, um ihre Systeme von Anfang an transparenter und verantwortungsvoller zu gestalten.

Trotz dieser Verbesserungen bleibt die praktische Umsetzung von KI-Verantwortlichkeiten holprig. Vielen Organisationen fehlen die Ressourcen oder Anreize, um verantwortungsvolle KI-Praktiken umfassend umzusetzen. Zudem klafft eine Lücke zwischen politischen Ambitionen und technischer Machbarkeit. So bleibt beispielsweise die Implementierung von Erklärbarkeit in komplexen neuronalen Netzen ein ungelöstes Problem, und differenzielle Datenschutzstrategien sind zwar vielversprechend, beinhalten aber immer noch Leistungsunterschiede. Darüber hinaus führt die geopolitische Fragmentierung dazu, dass die Verantwortungsstandards von Land zu Land unterschiedlich sind, was Schlupflöcher und regulatorische Arbitragemöglichkeiten für globale Organisationen schafft.

Um die Rechenschaftspflicht in der Praxis zu fördern, sind mehrere Schritte erforderlich. Erstens könnten harmonisierte globale Standards einen Abwärtstrend verhindern, in dem Unternehmen in einem am wenigsten regulierten Umfeld agieren. Zweitens müssen Investitionen und Unterstützung für kleinere Unternehmen bereitgestellt werden, um verantwortungsvolle KI-Praktiken durchzusetzen. Drittens müssen unabhängige Aufsichtsbehörden mit Durchsetzungsbefugnissen – ähnlich wie Finanzaufsichtsbehörden – eingerichtet werden, um hochriskante KI-Strukturen zu prüfen. Schließlich müssen Bildung und öffentliche Kompetenz im Bereich KI gefördert werden, damit sich Verbraucher, Journalisten und die Zivilgesellschaft ernsthaft mit KI-Entscheidungen auseinandersetzen können.

KI-Verantwortung in der Praxis ist nicht nur eine Formalität oder ein Instrument der öffentlichen Hand. Sie ist ein Grundprinzip, das sicherstellt, dass die technologische Entwicklung mit gesellschaftlichen Werten im Einklang steht und die Menschenrechte schützt. Von der technischen Dokumentation und organisatorischen Rollen bis hin zu

Rechtsbehelfen und Nutzerrechten erfordert Verantwortlichkeit umfassende Maßnahmen über den gesamten KI-Lebenszyklus hinweg. Da KI-Systeme immer leistungsfähiger und in die Infrastruktur des Alltags integriert werden, wird die Forderung nach transparenten, durchsetzbaren und wirksamen Verantwortlichkeitsmechanismen weiter zunehmen. Nur durch die tiefe Verankerung dieser Praktiken in der technologischen und institutionellen Struktur können wir sicherstellen, dass KI dem Gemeinwohl dient, anstatt es zu untergraben.

# KAPITEL 4

## KI und soziale Gerechtigkeit

## *4.1. KI und soziale Ungleichheit*

Da sich Künstliche Intelligenz (KI) weiterentwickelt und in verschiedene Bereiche der Gesellschaft integriert, ist es wichtig, ihre Auswirkungen auf die soziale Gerechtigkeit zu untersuchen, insbesondere im Hinblick auf Ungleichheitsprobleme. Das Potenzial von KI, Wirtschaft, Arbeitsmärkte, Gesundheitswesen und Bildung zu transformieren, verspricht klare Entwicklungschancen. Ohne sorgfältige Abwägung könnte der umfassende Einsatz von KI jedoch bestehende soziale Ungleichheiten verschärfen und die sozialen und wirtschaftlichen Unterschiede vergrößern. Die Rolle von KI bei der Aufrechterhaltung oder Abschwächung sozialer Ungleichheit wirft komplexe Fragen auf, die von algorithmischen Verzerrungen bis hin zur ungleichen Verteilung technologischer Ressourcen reichen.

KI kann die Kluft zwischen unterschiedlichen sozioökonomischen Organisationen überbrücken oder vergrößern, je nachdem, wie sie konzipiert und eingesetzt wird. Eine der Hauptsorgen im Zusammenhang mit KI ist ihr Potenzial, Vorurteile in den von ihr verarbeiteten Daten zu verewigen. Da KI-Systeme häufig anhand großer Datensätze trainiert werden, die uralte menschliche Verhaltensmuster abbilden, können sie die in diesen Datensätzen vorhandenen Vorurteile unbeabsichtigt übernehmen. Wird ein KI-System beispielsweise im Einstellungsprozess eingesetzt und anhand früherer Einstellungsentscheidungen trainiert, kann es diskriminierende Muster basierend auf Rasse, Geschlecht oder sozioökonomischem Status reproduzieren, was zu einem Verlust an Vielfalt und zur Aufrechterhaltung systemischer Ungleichheiten führt. Dies beeinträchtigt nicht nur die Fairness des Systems, sondern verstärkt auch gesellschaftliche Systeme von Privilegien und Benachteiligung.

Darüber hinaus konzentrieren sich Entwicklung und Einsatz von KI-Technologien häufig auf wohlhabendere Regionen und Länder. Dies bedeutet, dass wohlhabende Bevölkerungsgruppen überproportional von den Vorteilen der KI profitieren können. Diese Ungleichheit könnte zu einer sogenannten „virtuellen Kluft" führen: Menschen aus einkommensschwachen oder unterrepräsentierten Gruppen bleiben benachteiligt und haben keinen Zugang zu denselben Möglichkeiten oder Ressourcen wie privilegierte Personen. Der ungleiche Zugang zu KI-Technologien könnte zu einer weiteren Konzentration von Macht und Reichtum in den Händen weniger führen und so globale und lokale Ungleichheiten verschärfen. Im Gesundheitswesen beispielsweise sind KI-Systeme zur Diagnose und Prognose von Krankheiten in ärmeren Regionen möglicherweise nicht so gut verfügbar, was zu einer ungleichen Gesundheitsversorgung für privilegierte Bevölkerungsgruppen beiträgt.

Gleichzeitig kann der Nutzen von KI in sozialen Wohlfahrtsstrukturen, einschließlich Predictive Policing oder Sozialmanagement, ein zweischneidiges Schwert sein. Diese Systeme versprechen zwar eine Steigerung der Effizienz und Effektivität der Leistungserbringung, bergen aber auch das Risiko, Stereotypen und Vorurteile zu verstärken, insbesondere wenn sie nicht sorgfältig konzipiert und überwacht werden. KI in der Strafverfolgung beispielsweise wurde dafür kritisiert, dass sie marginalisierte Gruppen überproportional ins Visier nimmt, was zu Racial Profiling und unfairer Behandlung führt. Dies betrifft nicht nur die direkt Betroffenen, sondern kann auch umfassendere gesellschaftliche Folgen haben, darunter Misstrauen gegenüber öffentlichen Einrichtungen und einen Vertrauensverlust in die Gerechtigkeit der Justizsysteme.

Die Bekämpfung von KI und sozialer Ungleichheit erfordert einen vielschichtigen Ansatz, der Inklusivität, Gerechtigkeit und Transparenz bei der Entwicklung und dem Einsatz von KI-Systemen priorisiert. Politiker, Technologieexperten und Verfechter sozialer Gerechtigkeit müssen zusammenarbeiten, um sicherzustellen, dass KI nicht zu einem Instrument wird, das bestehende Ungleichheiten verfestigt, sondern vielmehr Fairness und sozialen Fortschritt fördert. Ein zentraler Aspekt dieses Ansatzes ist die Entwicklung von KI-Systemen mit vielfältigen, vorurteilsfreien Datensätzen und die regelmäßige Überprüfung ihrer

Auswirkungen auf marginalisierte Gruppen. Darüber hinaus muss ein gleichberechtigter Zugang zu KI-Technologie gefördert werden, um sicherzustellen, dass alle Menschen, unabhängig von ihrer sozialen oder finanziellen Herkunft, von den Vorteilen der KI profitieren können.

Der Zusammenhang zwischen KI und sozialer Gerechtigkeit ist komplex und bedarf kontinuierlicher Forschung. KI kann zwar soziale Ungleichheiten beseitigen, kann diese aber auch vertiefen, wenn sie nicht sorgfältig kontrolliert wird. Indem wir Fairness, Inklusivität und Transparenz priorisieren, können wir sicherstellen, dass KI-Technologien tatsächlich zur Beseitigung sozialer Ungleichheit beitragen und nicht nur weitere Spaltung fördern.

## 4.2. Die Auswirkungen der KI auf die Menschheit

Künstliche Intelligenz (KI) hat sich zu einer transformativen Kraft in der modernen Gesellschaft entwickelt und beeinflusst nahezu jeden Aspekt des menschlichen Lebens, von der Gesundheitsversorgung und Bildung bis hin zu Unterhaltung und Kommunikation. Da sich KI-Technologien ständig verbessern, könnten sie unsere Arbeitsweise, unsere Interaktion und unser Verständnis der uns umgebenden Welt verändern. KI bietet zwar viele Möglichkeiten für Innovation und Entwicklung, wirft aber auch tiefgreifende moralische, soziale und mentale Fragen zu ihren Auswirkungen auf die Menschheit auf.

Eine der größten Auswirkungen von KI auf die Menschheit sind ihre Auswirkungen auf den Arbeitsmarkt und die Zukunft der Arbeit. KI-Technologien haben bereits begonnen, viele Aufgaben zu automatisieren, die traditionell von Menschen erledigt wurden, insbesondere in Branchen wie Produktion, Logistik und Kundenservice. Diese Automatisierung kann zwar zu höherer Effizienz und niedrigeren Kosten führen, wirft aber auch Fragen hinsichtlich der Prozessverlagerung und der Zukunft der Beschäftigung auf. Viele Menschen, insbesondere in gering qualifizierten oder repetitiven Tätigkeiten, könnten ihren Arbeitsplatz verlieren, wenn Maschinen und Algorithmen ihre Aufgaben übernehmen. Der Wandel hin zur Automatisierung dürfte die Einkommensungleichheit verschärfen: Menschen in hoch qualifizierten oder entwicklungsorientierten Berufen profitieren von den Fortschritten der KI, während andere von Arbeitslosigkeit oder Unterbeschäftigung bedroht sind.

Neben den wirtschaftlichen Auswirkungen verändert KI auch die menschliche Interaktion und soziale Beziehungen. Soziale Medien, Suchmaschinen und KI-basierte Beratungssysteme sind tief in unserem Alltag verankert. Diese Systeme prägen die Informationen, die wir konsumieren, die Menschen, mit denen wir interagieren, und sogar unsere politischen Meinungen. KI kann zwar dazu beitragen, Menschen weltweit zu vernetzen und personalisierte Empfehlungen zu geben, trägt aber auch zur Entstehung von Informationsblasen bei, in denen Menschen nur Informationen erhalten, die ihren aktuellen Überzeugungen entsprechen. Dies kann zu zunehmender Polarisierung, der Verbreitung von Fehlinformationen und einem Rückgang der Qualität des öffentlichen Diskurses führen.

Darüber hinaus kann KI die menschliche Wahrnehmung und Entscheidungsfindung beeinflussen. Mit dem Aufkommen KI-gestützter Tools wie virtuellen Assistenten, Chatbots und autonomen Systemen verlassen sich Menschen zunehmend auf Maschinen, um Aufgaben zu erledigen, die einst menschlicher Intelligenz vorbehalten waren. Dies kann zwar Komfort und Effizienz steigern, wirft aber auch Fragen darüber auf, wie unsere Abhängigkeit von KI unsere kognitiven Fähigkeiten verändern könnte. So könnte sich beispielsweise unsere Fähigkeit zum kritischen Denken und zur Problemlösung verringern, wenn wir uns bei Entscheidungen auf KI verlassen, da wir die Urteile der KI möglicherweise mehr akzeptieren als unsere eigenen. Die zunehmende Abhängigkeit von KI bei der Vermittlung unserer Interaktionen und Entscheidungen kann auch unsere Fähigkeit beeinträchtigen, sinnvolle Beziehungen zu anderen aufzubauen, da wir zunehmend mehr mit Maschinen als mit Menschen interagieren.

Die Auswirkungen von KI auf Privatsphäre und Sicherheit sind ein weiteres wichtiges Anliegen. Da KI-Systeme große Mengen persönlicher Daten sammeln und analysieren, darunter Online- Verhalten, klinische Statistiken und soziale Interaktionen, wird das Missbrauchsrisiko dieser Daten enorm steigen. KI-gestützte Überwachungssysteme, Technologien zur Gesichtserkennung und prädiktive Analysen werden in zahlreichen Sektoren eingesetzt, von der Strafverfolgung bis zum Gesundheitswesen. Dies wirft Fragen hinsichtlich der Aushöhlung des Datenschutzes und des Potenzials überwachungsbasierter sozialer Manipulation auf. Die Fähigkeit der KI, die Bewegungen, Handlungen und Vorlieben von Menschen zu steuern, könnte zu einer Gesellschaft führen, in der die private Freiheit eingeschränkt ist und Menschen ständig maschinell überwacht und analysiert werden.

Darüber hinaus werden die ethischen Implikationen von KI mit fortschreitender Entwicklung immer komplexer. KI-Systeme, insbesondere solche in Bereichen mit hohem Risiko wie dem Gesundheitswesen und der Strafjustiz, müssen Entscheidungen treffen, die Menschenleben betreffen. Die Möglichkeit von Voreingenommenheit in KI-Algorithmen – sei es bei medizinischen Diagnosen, der Urteilsfindung vor Gericht oder bei Einstellungsverfahren – kann bestehende gesellschaftliche Ungleichheiten aufrechterhalten und verschärfen. KI kann die in den Daten, mit denen sie trainiert wird, vorhandenen Voreingenommenheiten widerspiegeln und verstärken, was zu ungerechten Konsequenzen für marginalisierte Gemeinschaften führt. Die Gewährleistung von Fairness, Verantwortung und Transparenz in KI-Strukturen ist daher entscheidend, um diskriminierende Praktiken zu verhindern und die Rechte der Menschen zu schützen.

Die Beziehung zwischen KI und menschlicher Identität ist ebenfalls ein zentrales Problemfeld. Mit zunehmender Komplexität von KI-Systemen verschwimmt die Grenze zwischen menschlicher und maschineller Intelligenz zunehmend. Die Entwicklung künstlicher allgemeiner Intelligenz (AGI) – Maschinen, die Wissen auf menschliche Weise erkennen, lernen und anwenden können – wirft Fragen darüber auf, was Menschsein bedeutet. Wenn KI-Systeme menschliche Denksysteme und Verhaltensweisen nachahmen können, werden sie dann unser Wissen über Konzentration, Organisation und Persönlichkeit gefährden? Diese existenzielle Frage eröffnet Debatten über den Charakter von Intelligenz selbst und die Rolle, die KI in der menschlichen Gesellschaft spielen sollte.

Trotz dieser Bedenken bietet KI zudem hervorragende Möglichkeiten zur Verbesserung des menschlichen Wohlbefindens. Im Gesundheitswesen wird KI bereits zur Unterstützung der Diagnostik, der Arzneimittelentwicklung und der personalisierten Medizin eingesetzt und ermöglicht so eine frühzeitige Erkennung von Krankheiten und wirksamere

Behandlungen. Im Bildungsbereich können KI-gestützte Tools dazu beitragen, Lernerfahrungen individuell auf die Schüler abzustimmen, die Lernergebnisse zu verbessern und auf die unterschiedlichen Wünsche von Anfängern einzugehen. KI kann auch die Kreativität fördern, indem sie Künstler, Schriftsteller und Musiker bei ihren kreativen Strategien unterstützt und neue Möglichkeiten für Ausdruck und Innovation eröffnet.

Um sicherzustellen, dass KI der Menschheit gerecht und gerecht zugutekommt, ist es entscheidend, ihre Entwicklung und ihren Einsatz mit Bedacht und Weitsicht anzugehen. Politiker, Ethiker, Techniker und die Öffentlichkeit sollten sich kontinuierlich über die ethischen Implikationen von KI austauschen und gemeinsam Rahmenbedingungen schaffen, die Transparenz, Verantwortung und Fairness fördern. Indem wir menschliche Werte priorisieren und dafür sorgen, dass KI so eingesetzt wird, dass sie unsere Menschlichkeit stärkt, anstatt sie zu beeinträchtigen, können wir die Macht der KI nutzen, um eine gerechtere, gerechtere und mitfühlendere Welt zu schaffen.

Während sich KI weiterentwickelt und tiefer in unser Leben eindringt, werden ihre Auswirkungen auf die Menschheit sicherlich weiter zunehmen. Obwohl KI sowohl Herausforderungen als auch Möglichkeiten mit sich bringt, liegt es letztendlich an uns zu entscheiden, wie diese effektive

Technologie das Schicksal der menschlichen Zivilisation prägen wird. Mit sorgfältiger Aufmerksamkeit, ethischer Verantwortung und dem Engagement für soziale Gerechtigkeit können wir sicherstellen, dass KI als Werkzeug für wunderbare Veränderungen dient und dazu beiträgt, eine integrativere, mitfühlendere und prosperierendere Welt für alle zu schaffen.

### *4.3. Die Zukunft der Justiz mit KI*

Da sich künstliche Intelligenz (KI) ständig anpasst und ihre Fähigkeiten erweitert, beeinflusst sie zunehmend Bereiche, die traditionell auf menschliches Urteilsvermögen angewiesen sind, darunter Recht, Verwaltung und Justiz. Die Zukunft der Justiz in einer KI-gesteuerten Welt birgt großes Potenzial für die Reform krimineller Strukturen, die Verbesserung der Entscheidungsgerechtigkeit und den verbesserten Zugang zur Justiz. Sie wirft jedoch auch große ethische, philosophische und rechtliche Fragen zur Rolle der KI bei der Gewährleistung von Gerechtigkeit und Gleichheit auf.

Die Integration von KI in die Rechtswissenschaft hat bereits begonnen. Einige Länder experimentieren mit KI-gestützten Tools zur Unterstützung von Strafverfahren, Fallbeurteilungen und sogar der Entscheidungsfindung. In den kommenden Jahrzehnten dürfte die Rolle von KI in der Justiz noch weiter zunehmen. Die Fähigkeit von KI, große Datenmengen mit einer Geschwindigkeit zu verarbeiten, die menschliche Fähigkeiten bei Weitem übersteigt, bietet das

Potenzial für präzisere, konsistentere und nachhaltigere Rechtsentscheidungen. Sie kann dazu beitragen, Rechtsprozesse zu rationalisieren, Rückstände abzubauen und eine gerechtere Verteilung der Mittel sicherzustellen, insbesondere in überlasteten Rechtssystemen.

Mit der Integration von KI in Justizsysteme dürfte es jedoch eine der dringendsten Herausforderungen sein, sicherzustellen, dass diese Strukturen fair und vorurteilsfrei sind. KI-Algorithmen sind nur so unabhängig wie die Daten, auf denen sie trainiert werden. Werden KI-Systeme mit historischen Rechtsdaten trainiert, die Verzerrungen enthalten – einschließlich rassistischer, geschlechtsspezifischer oder sozioökonomischer Vorurteile –, könnten die Algorithmen diese Verzerrungen aufrechterhalten oder sogar verstärken. Beispielsweise könnte ein KI-System, das bei der Urteilsfindung eingesetzt wird, härtere Strafen für bestimmte rassische oder ethnische Gruppen vorschlagen, wenn es mit verzerrten Daten einer Maschine trainiert wurde, die historisch diskriminierend war. Der Einsatz von KI bei solch wichtigen Entscheidungen könnte das öffentliche Vertrauen in die Justiz untergraben und zu ungerechten Konsequenzen führen.

Um Voreingenommenheit in KI-basierten kriminellen Strukturen zu verhindern, ist es entscheidend, sicherzustellen, dass die zum Trainieren dieser Algorithmen verwendeten Daten repräsentativ, vielfältig und diskriminierungsfrei sind.

Darüber hinaus ist Transparenz bei KI-Entscheidungsansätzen entscheidend, um Systeme zur Rechenschaft zu ziehen und Fairness zu gewährleisten. So wie von menschlichen Richtern erwartet wird, dass sie die Gründe für ihre Entscheidungen darlegen, sollten KI-Strukturen klare und verständliche Begründungen für ihre Entscheidungen liefern. Dies ermöglicht es Einzelpersonen, Entscheidungen zu treffen und Berufung einzulegen, wenn dies erforderlich ist, und stellt sicher, dass das Rechtssystem transparent und nachvollziehbar bleibt.

Die Frage der Verantwortlichkeit wird zudem komplexer, wenn KI in Entscheidungsprozessen zum Einsatz kommt. Wenn ein KI-System Fehler macht oder ungerechte Ergebnisse verspricht, wer trägt die Verantwortung? Der Entwickler der KI, die Strafverfolgungsbehörde, die sie eingesetzt hat, oder die KI selbst? Ohne klare Verantwortungsrahmen könnte der Einsatz von KI im Justizwesen zu Situationen führen, in denen Menschen ohne Regressmöglichkeit Unrecht erleiden, was die Prinzipien von Gerechtigkeit und Fairness untergräbt. Die Schaffung klarer rechtlicher Rahmenbedingungen, die Verantwortung und Verantwortung im KI-Einsatz definieren, ist entscheidend, um sicherzustellen, dass Gerechtigkeit auch dann herrscht, wenn Entscheidungen von Maschinen getroffen werden.

Ein weiterer wichtiger Aspekt der Zukunft der Justiz durch KI ist die Möglichkeit eines verbesserten Zugangs zu strafrechtlichen Dienstleistungen. KI hat das Potenzial, Rechtsdienstleistungen zu demokratisieren, indem sie sie kostengünstiger und für Menschen zugänglich macht, die sich eine Vertretung sonst nicht leisten könnten. KI-gesteuerte Tools, wie Chatbots, Beratungssysteme für Strafverteidiger und Dienste zur Dokumentenerstellung, können Menschen aus allen Gesellschaftsschichten kostengünstige und zugängliche Rechtsberatung bieten. In vielen Regionen werden KI-gestützte Plattformen bereits eingesetzt, um Menschen dabei zu helfen, ihre strafrechtlichen Rechte zu verstehen, Verträge zu erstellen und sich in komplexen Strafverfahren zurechtzufinden. Diese Tools haben das Potenzial, den Zugang zur Justiz zu revolutionieren, insbesondere in unterversorgten Bevölkerungsgruppen, in denen Rechtsdienstleistungen knapp oder unerschwinglich sind.

Darüber hinaus kann KI dazu beitragen, die Effizienz und Gerechtigkeit von Streitbeilegungsmechanismen zu verbessern. KI-gestützte Schieds- und Mediationssysteme sollten schnellere, kostengünstigere und neutralere Alternativen zu herkömmlichen Gerichtsverfahren bieten, die Belastung der Gerichte verringern und es den Parteien ermöglichen, ihre Streitigkeiten erfolgreicher zu lösen. Diese Systeme müssen jedoch sorgfältig konzipiert werden, um sicherzustellen, dass sie unvoreingenommen, transparent und in der Lage sind, die Nuancen jedes einzelnen Falles zu berücksichtigen. Mit dem zunehmenden Einsatz von KI in der Streitbeilegung wird es entscheidend sein, Effizienz mit dem Bedarf an menschlichem Urteilsvermögen, Empathie und Verständnis in Einklang zu bringen.

Die Rolle von KI in der Restorative Justice ist ein weiterer Bereich, der in Zukunft große Fortschritte machen könnte. Restorative Justice konzentriert sich auf die Wiedergutmachung von Schäden und die Wiederherstellung von Beziehungen, anstatt Täter vollständig zu bestrafen. KI könnte zur Analyse von Akten eingesetzt werden und Erkenntnisse liefern, die helfen, die Ursachen von Kriminalität zu identifizieren, darunter sozioökonomische Faktoren, psychische Gesundheitsprobleme oder systemische Ungleichheit. Durch die Integration von KI in Praktiken der Restorative Justice könnte ein ganzheitlicherer Justizansatz geschaffen werden, der nicht nur Täter bestraft, sondern auch die grundlegenden Ursachen von Kriminalität angeht und die Rehabilitierung von Opfern und Tätern fördert.

Die Zukunft der Justiz mit KI ist jedoch nicht immer frei von ethischen Dilemmata. Eines der wichtigsten Probleme, die angegangen werden müssen, ist das Gleichgewicht zwischen technologischem Fortschritt und Menschenrechten. Der zunehmende Einsatz von KI in Überwachung, prädiktiver Polizeiarbeit und Überwachung wirft Bedenken hinsichtlich Datenschutz, bürgerlicher Freiheiten und der Möglichkeit autoritärer Kontrolle auf. Die Integration von KI in den

Justizapparat sollte so erfolgen, dass die Menschenrechte geachtet, Fairness gewährleistet und die Überschreitung staatlicher Macht verhindert wird. Während KI beispielsweise dazu beitragen soll, Kriminalität vorherzusehen und zu verhindern, ist es wichtig, ihren Missbrauch in Ansätzen zu verhindern, die bestimmte Gruppen überproportional treffen oder das Recht auf Privatsphäre verletzen.

Mit der zunehmenden Komplexität der KI-Strukturen wird die Frage, ob KI in der richterlichen Entscheidungsfindung eine Rolle spielen sollte, komplexer. Sollten Maschinen die Befugnis haben, in Strafsachen endgültige Entscheidungen zu treffen, oder sollten sie weiterhin Instrumente bleiben, die menschliche Richter und Strafrechtsexperten unterstützen? Viele argumentieren, dass der menschliche Faktor in der Justiz – Empathie, Intuition und das Verständnis ethischer Werte – unersetzlich ist. KI kann zwar wertvolle Erkenntnisse liefern, die letztendliche Verantwortung für strafrechtliche Entscheidungen muss jedoch weiterhin in den Händen des Menschen bleiben, um sicherzustellen, dass Gerechtigkeit nicht nur geübt, sondern auch der Eindruck vermittelt wird, geübt zu werden.

Die Zukunft der Justiz mit KI ist vielversprechend, birgt aber auch erhebliche Herausforderungen. KI kann die Leistung, Zugänglichkeit und Gerechtigkeit von Strafstrukturen verbessern, allerdings nur, wenn sie so weiterentwickelt und implementiert wird, dass Fairness, Transparenz und Menschenrechte im Vordergrund stehen. Da KI die Justizlandschaft weiter verändert, ist es wichtig, Rahmenbedingungen zu schaffen, die den moralischen, strafrechtlichen und sozialen Auswirkungen ihres Einsatzes in der Justiz Rechnung tragen. Indem wir die Vorteile von KI sorgfältig mit dem Engagement für den Schutz grundlegender menschlicher Werte abwägen, können wir sicherstellen, dass die Zukunft der Justiz fair, gerecht und im Einklang mit den Bedürfnissen der Gesellschaft bleibt.

### 4.4. KI und Zugang zu Chancen

Künstliche Intelligenz (KI) prägt zunehmend die Chancenlandschaft in verschiedenen Sektoren, darunter Bildung, Beschäftigung, Finanzen, Gesundheitswesen und darüber hinaus. Ihr transformatives Potenzial verspricht, den Zugang zu Demokratisierung, Personalisierung von Dienstleistungen und die Schaffung neuer Wege für sozialen und wirtschaftlichen Fortschritt zu ermöglichen. Die Rolle von KI bei der Erweiterung oder Einschränkung des Zugangs zu Chancen ist jedoch komplex und zweischneidig. KI-Strukturen können zwar traditionelle Einschränkungen abbauen und die Fähigkeiten der Menschen erweitern, bergen aber auch die Gefahr, bestehende Ungleichheiten zu verewigen oder gar zu verschärfen, wenn sie nicht sorgfältig konzipiert und reguliert werden. Dieses Kapitel untersucht, wie KI den Zugang zu

Chancen beeinflusst, welche Mechanismen sie nutzt und welche ethischen, sozialen und politischen Überlegungen erforderlich sind, um sicherzustellen, dass KI Inklusion statt Exklusion fördert.

Einer der am häufigsten beobachteten Effekte von KI auf den Zugang ist ihre Integration in Rekrutierungs- und Einstellungsstrategien. Automatisiertes Lebenslauf-Screening, prädiktive Analysen und Algorithmen zur Kandidatenbewertung versprechen eine optimierte Auswahl und reduzieren menschliche Voreingenommenheit. Diese Systeme können große Mengen an Bewerbungen schnell analysieren, qualifizierte Bewerber finden und deren Fähigkeiten mit herausragender Leistung an die Anforderungen der Stelle anpassen. Für Bewerber aus unterrepräsentierten oder marginalisierten Organisationen bietet KI das Potenzial, durch gezielte Zielkriterien und kompetenzbasierte Tests gleiche Wettbewerbsbedingungen zu schaffen. In der Praxis spiegeln diese Strukturen jedoch oft historische, in Bildungsstatistiken verankerte Vorurteile wider und verstärken diese. Wenn beispielsweise bei Einstellungsentscheidungen nicht nur bestimmte Bevölkerungsgruppen überproportional bevorzugt werden, kann KI auch Wege finden, diese Muster zu spiegeln und andere systematisch zu benachteiligen. Dieses Phänomen kann Frauen, Minderheiten und nicht-traditionellen

Bewerbern den Zugang zu Karrieremöglichkeiten erschweren und so Ungleichheiten verfestigen, anstatt sie zu mildern.

Im Bildungswesen passen KI-gestützte adaptive Lernsysteme den Unterricht durch dynamische Anpassung von Inhalten und Lerntempo an die Bedürfnisse der Lernenden an. Diese Technologie kann Studierenden unterschiedlicher Herkunft maßgeschneiderte Unterstützung bieten und so zu mehr Engagement und besseren Ergebnissen führen. Darüber hinaus kann KI den Zugang zu angemessener Bildung in abgelegenen oder unterversorgten Gebieten durch Online-Nachhilfe, Sprachübersetzung und automatisierte Benotung verbessern. Diese Verbesserungen versprechen eine globale Demokratisierung des Bildungswesens. Dennoch bestehen weiterhin Herausforderungen. Ungleicher Zugang zur digitalen Infrastruktur, Unterschiede in der Datenqualität und das Risiko algorithmischer Verzerrungen können eine gerechte Verteilung verhindern. Darüber hinaus kann die Abhängigkeit von KI unbeabsichtigt Anfänger marginalisieren, die nicht zu gängigen Lernmodellen passen oder menschliche Betreuung benötigen, die über das hinausgeht, was KI bieten kann. Für Chancengleichheit ist es unerlässlich sicherzustellen, dass KI menschliche Lehrkräfte ergänzt und nicht ersetzt.

Auch im Finanzbereich verändert KI den Zugang zu Chancen. KI-gestützte Kredit-Scoring-Algorithmen vergleichen Kreditangebote schneller und präziser und erweitern so potenziell den Kreditzugang für Menschen, die bisher aufgrund fehlender herkömmlicher Kreditdaten ausgeschlossen waren. KI-gestützte Mikrofinanzplattformen und digitale Bankangebote haben Millionen Menschen weltweit den Zugang zu Finanzdienstleistungen ermöglicht. Die Intransparenz einiger KI-Modelle wirft jedoch Fragen zu Gerechtigkeit und Diskriminierung auf. Faktoren, die mit den erfassten Merkmalen korrelieren, wie z. B. Wohnort oder Beschäftigungsart, können ungerecht gewichtet werden, was zu verzerrten Kreditentscheidungen führt. Darüber hinaus kann es algorithmischen Entscheidungen an Transparenz mangeln, sodass Antragsteller Ablehnungen nicht nachvollziehen oder anfechten können. Richtlinien, die Erklärbarkeit, Gerechtigkeitsprüfungen und Rechtsmittel fördern, sind unerlässlich, um sicherzustellen, dass KI finanzielle Möglichkeiten ermöglicht, anstatt sie einzuschränken.

Auch der Zugang zur Gesundheitsversorgung hat sich durch KI grundlegend verändert – von diagnostischen Leitsystemen hin zu personalisierten Behandlungsempfehlungen. KI kann Muster in klinischen Daten erkennen, um Krankheiten früher und präziser zu erkennen als herkömmliche Methoden. Dies verbessert die Prävention und die Behandlungsergebnisse. KI-gestützte Ferndiagnostik und Telemedizin erweitern den Zugang zur Gesundheitsversorgung für ländliche und unterversorgte Bevölkerungsgruppen. Unterschiede in Bildungsdaten, die auf unterrepräsentierte Organisationen hinweisen, bergen jedoch das Risiko von Fehldiagnosen oder unzureichender Versorgung von Minderheiten. Darüber hinaus kann die digitale Kluft den Zugang zu KI-gestützten Gesundheitsinnovationen für wirtschaftlich benachteiligte Patienten einschränken. Ein ethischer Einsatz erfordert die Sicherstellung vielfältiger Datensätze, kulturell geeigneter Algorithmen und infrastruktureller Investitionen, um Zugangslücken zu schließen.

Darüber hinaus beeinflusst KI den Zugang zu Möglichkeiten in den Bereichen Sozialdienste, Gefängnishilfe, Wohnungswesen und sogar Innovation. Automatisierte Berechtigungsprüfungen für Sozialhilfeprogramme können die Hilfe rationalisieren, aber auch gefährdete Menschen aufgrund fehlerhafter Daten oder unflexibler Standards ausschließen. KI in der Kriminalanalytik kann den Zugang zur Justiz verbessern, indem sie Fallstudien und Aktenauswertungen unterstützt. Sie könnte aber auch Bedenken hinsichtlich der Gerechtigkeit verstärken, wenn Entscheidungshilfeinstrumente ohne angemessene menschliche Aufsicht eingesetzt werden. In Innovationsbereichen können KI-generierte Inhalte und Tools Zugangsbarrieren abbauen und eine breitere Teilhabe an Kunst, Musik und Literatur ermöglichen, obwohl Fragen zu geistigem Eigentum und Authentizität aufkommen.

Entscheidend ist, dass der Einfluss von KI auf das Potenzial durch die Daten bestimmt wird, aus denen sie lernt.

Historische und strukturelle Ungleichheiten, die in Statistiken verankert sind, spiegeln systemische Diskriminierung und soziale Schichtung wider. Werden KI-Systeme ohne Berücksichtigung dieser Vorurteile entwickelt, besteht die Gefahr, dass Ausgrenzung und Ungerechtigkeit fortbestehen. Um diesem Problem zu begegnen, sind proaktive Vorurteilserkennung, vielfältige Datenbeschaffung und kontinuierliches Tracking erforderlich. Inklusive Designprozesse, die Stakeholder aus marginalisierten Gemeinschaften einbeziehen, tragen dazu bei, dass KI-Programme vielfältige Geschichten und Wünsche widerspiegeln.

Governance und Recht spielen eine zentrale Rolle bei der Gestaltung eines gleichberechtigten Zugangs zu KI-gestützten Chancen. Rechtliche Rahmenbedingungen, die Diskriminierungsfreiheit durchsetzen, Transparenz vorschreiben und Wirkungsprüfungen vorschreiben, schützen vor schädlichen Folgen. Standards für Datenethik, Datenschutz und algorithmische Verantwortlichkeit fördern Vertrauen und Gerechtigkeit. Die Zusammenarbeit zwischen öffentlichen und privaten Akteuren ist unerlässlich, um Strategien zu entwickeln, die Innovation mit dem Schutz gefährdeter Organisationen in Einklang bringen.

Bildungsmaßnahmen sind ebenfalls unerlässlich, um die Vorteile von KI zu demokratisieren. Digitale

Kompetenzprogramme befähigen Menschen, KI-Technologien zu verstehen, zu hinterfragen und zu nutzen. Initiativen zur Umschulung und lebenslangen Weiterbildung bereiten die Bevölkerung auf KI-getriebene Arbeitsmarkttransformationen vor und verringern so das Risiko einer technologischen Verdrängung. Bemühungen zur Diversifizierung von KI-Forschungs- und Entwicklungsgruppen stärken kulturelle Kompetenz und ethische Sensibilität und fördern Strukturen, die einem breiteren Publikum dienen.

KI verfügt über das transformative Potenzial, den Zugang zu Möglichkeiten zu erweitern, Hindernisse abzubauen und Menschen aller sozioökonomischen Schichten zu stärken. Um dieses Potenzial zu verstehen, ist jedoch eine bewusste Berücksichtigung der soziotechnischen Dynamiken erforderlich, die den KI-Einsatz prägen. Die Bekämpfung von Datenverzerrungen, die Gewährleistung von Transparenz, die Förderung eines inklusiven Designs und die Umsetzung einer soliden Governance sind unerlässlich, um zu verhindern, dass KI zu einem neuen Faktor der Ausgrenzung wird. Da Gesellschaften bei der Chancenvergabe zunehmend auf KI angewiesen sind, liegt die Aufgabe nicht nur in technologischen Innovationen, sondern darin, Gleichheit, Gerechtigkeit und Menschenwürde in den Mittelpunkt der KI-Strukturen zu stellen. Durch diese Bemühungen kann KI zu einem Instrument der Stärkung statt der Ausgrenzung werden und neue Chancen für alle eröffnen.

## *4.5. Algorithmische Fairness im öffentlichen Dienst*

Da künstliche Intelligenz zunehmend in das Gefüge öffentlicher Dienste integriert wird, wird das Prinzip der algorithmischen Gerechtigkeit zu einem wichtigen Anliegen mit tiefgreifenden gesellschaftlichen Auswirkungen. Regierungen und öffentliche Einrichtungen nutzen KI-gesteuerte Systeme, um Entscheidungen in Bereichen wie Wohlfahrtsverteilung, Strafjustiz, Gesundheitsversorgung, Bildung und öffentliche Sicherheit zu treffen. Diese Systeme versprechen zwar mehr Effizienz, Konsistenz und Skalierbarkeit, bergen aber auch die Gefahr, bestehende soziale Ungleichheiten zu verewigen oder zu verstärken, wenn Gerechtigkeit nicht immer sorgfältig gewährleistet ist. Algorithmische Gerechtigkeit im öffentlichen Dienst ist daher nicht nur eine technische Aufgabe, sondern ein demokratisches Gebot, das einen umfassenden Prozess umfasst, der ethische Prinzipien, rechtliche Rahmenbedingungen, technische Genauigkeit und öffentliche Verantwortung miteinander verknüpft.

Öffentliche Dienstleistungen unterscheiden sich grundlegend von vielen Programmen im privaten Bereich, da sie unmittelbar die Rechte, Chancen und das Wohlergehen der Bürgerinnen und Bürger beeinflussen, regelmäßig unter dem Dach des gesellschaftlichen Abkommens. Daher ist die Fairness der in diesen Bereichen eingesetzten Algorithmen von größter Bedeutung, um das öffentliche Wohl zu wahren und Gleichheits- und Gerechtigkeitsstandards aufrechtzuerhalten. Beispielsweise sind Risikobewertungsinstrumente im Strafvollzug, die Rückfallquoten zur Entscheidung über Bewährungsentscheidungen heranziehen, in die Kritik geraten, weil sie rassistische Vorurteile enthalten, die Minderheiten überproportional betreffen. Ebenso können KI-Algorithmen, die zur Feststellung des Anspruchs auf Sozialleistungen eingesetzt werden, aufgrund unvollständiger oder verzerrter Statistiken unbeabsichtigt Personen ausschließen, die anfällig sind. Diese Beispiele verdeutlichen die konkreten Auswirkungen unfairer Algorithmen und unterstreichen die Notwendigkeit einer transparenten, gerechten KI-Governance im öffentlichen Sektor.

Die Definition von Fairness selbst ist ein komplexes Unterfangen, das durch die Vielfalt normativer Ansichten und technischer Interpretationen erschwert wird. Es gibt verschiedene formale Fairnessmaße – darunter demografische Parität, Chancengleichheit und prädiktive Parität –, die jeweils unterschiedliche Vorstellungen von Gerechtigkeit und statistischer Stabilität priorisieren. Die gleichzeitige Erfüllung aller Fairnesskriterien ist jedoch in vielen realen Situationen mathematisch unmöglich, was zu Abwägungen führt, die Werturteile erfordern, die auf dem sozialen Kontext und politischen Erwartungen basieren. Daher müssen Entscheidungen darüber, welche Fairnessdefinitionen übernommen werden sollen, neben Technikern auch andere Interessengruppen einbeziehen, darunter Ethiker, Kriminalexperten, Betroffene und politische Entscheidungsträger.

Das Erreichen algorithmischer Gerechtigkeit beginnt mit der sorgfältigen Betrachtung von Fakten. Datensätze des öffentlichen Dienstes spiegeln oft historische Ungerechtigkeiten, systemische Diskriminierung und sozioökonomische Ungleichheiten wider. Ohne Korrektur laufen KI-Modelle, die auf solchen Datensätzen basieren, Gefahr, Verzerrungen in die automatisierte Entscheidungsfindung einzubetten. Datenkuratierungsmaßnahmen, bestehend aus der Erkennung, dem Ausgleich und der Erweiterung von Verzerrungen, sind zwar notwendig, reichen jedoch allein nicht aus. Entwickler müssen gerechtigkeitsbewusste maschinelle Lerntechniken implementieren, die die Trainingsziele der Modelle anpassen, um diskriminierende Folgen zu mildern. Beispiele hierfür sind die Neugewichtung von Stichproben, die Berücksichtigung von Gerechtigkeitsbeschränkungen und der Einsatz aggressiver De-Biasing-Taktiken. Diese technischen Eingriffe sollten jedoch im Kontext der Aufgaben des öffentlichen Dienstes und der Strafverfolgungsaufgaben stehen.

Transparenz und Erklärbarkeit tragen wesentlich zur Gerechtigkeit bei. Das öffentliche Vertrauen hängt davon ab, wie KI-Strukturen funktionieren und Entscheidungen treffen. Erklärbare KI-Strategien (XAI) können Einblicke in die Bedeutung von Merkmalen, Entscheidungswege und Modellbarrieren geben und es Aufsichtsbehörden und Betroffenen ermöglichen, Gerechtigkeitsansprüche ernsthaft zu prüfen. Transparenz erleichtert zudem die Prüfung und die Verantwortung, sodass Regulierungsbehörden und die Zivilgesellschaft unfaire Praktiken proaktiv erkennen und bekämpfen können.

Governance-Rahmenwerke spielen eine wichtige Rolle bei der Verankerung von Fairness in der KI im öffentlichen Raum. Gesetzliche Vorgaben, darunter die Datenschutz-Grundverordnung (DSGVO) der Europäischen Union, setzen Rechte im Zusammenhang mit automatisierten Entscheidungen, einschließlich Transparenz, Anfechtbarkeit und Nichtdiskriminierung, in Kraft. Neue KI-spezifische Richtlinien betonen Fairness zunehmend als Kernanforderung. Über die Einhaltung gesetzlicher Vorschriften hinaus etablieren viele Regierungen ethische Richtlinien, unabhängige Aufsichtsgremien und partizipative Mechanismen, um die Bürger in die KI-Politikgestaltung einzubeziehen. Diese institutionellen Strukturen tragen dazu bei, sicherzustellen, dass der KI-Einsatz mit gesellschaftlichen Werten und Menschenrechten im Einklang steht.

Öffentliche Organisationen müssen zudem eine interne Kultur etablieren, die Fairness priorisiert. Dies beinhaltet die

Schulung von KI-Praktikern und Entscheidungsträgern in ethischen Fragen, die Einrichtung interdisziplinärer Gruppen mit Sozialwissenschaftlern und Ethikern sowie die Integration von Fairness-Checks in Entwicklungsabläufe. Die kontinuierliche Überwachung der eingesetzten Systeme ist wichtig, um Veränderungen in der Datenverteilung oder Leistungsunterschiede im Laufe der Jahre zu erkennen. Feedbackschleifen mit Nutzerberichten und -verfahren verbessern die Reaktionsfähigkeit und ermöglichen Korrekturmaßnahmen.

Darüber hinaus muss Fairness im öffentlichen Dienst die Intersektionalität berücksichtigen – die Art und Weise, wie sich überschneidende soziale Identitäten wie Rasse, Geschlecht, Klasse und Behinderung zu Diskriminierungsgeschichten verschärfen. Algorithmen, die bei der Bewertung eines einzelnen Attributs fair sind, können dennoch ungerechte Konsequenzen für Unternehmen an der Schnittstelle mehrerer marginalisierter Identitäten haben. Die Bewältigung dieser Komplexität erfordert ausgefeilte Fairnessmetriken und mehrdimensionale Analysen sowie die Auseinandersetzung mit den Lebenserfahrungen verschiedener Gruppen.

Schließlich überschneidet sich algorithmische Gerechtigkeit mit umfassenderen gesellschaftlichen Bemühungen, strukturelle Ungleichheiten zu beseitigen. Faire KI kann zwar einige Schäden abmildern, kann aber umfassende soziale Regeln zur Reduzierung von Armut, systemischem Rassismus und ungleichem Zugang zu Ressourcen nicht ersetzen. KI-Gerechtigkeit muss Teil eines integrierten Ansatzes sein, der Bildung, finanzielle Chancen und soziale Gerechtigkeit umfasst.

Die Gewährleistung algorithmischer Fairness bei öffentlichen Angeboten ist ein vielschichtiges Unterfangen, das technologische Innovation, ethisches Denken, rechtliche Kontrolle und demokratische Teilhabe erfordert. Da KI-Strukturen zunehmend öffentliche Entscheidungen beeinflussen, ist die Verankerung von Gerechtigkeitsgarantien entscheidend, um Persönlichkeitsrechte zu schützen, den sozialen Zusammenhalt zu wahren und gerechte Ergebnisse zu fördern. Indem wir uns diesen Herausforderungen direkt stellen, können Gesellschaften die Vorteile von KI nutzen und gleichzeitig die Grundwerte des öffentlichen Dienstes wahren.

# KAPITEL 5

## KI und das moralische Dilemma

## *5.1. Die Konfrontation der KI mit moralischen Dilemmata*

Mit der Weiterentwicklung der künstlichen Intelligenz (KI) sind die ethischen Dilemmata, mit denen KI-Systeme konfrontiert werden können, eine der dringendsten Herausforderungen. Diese Dilemmata betreffen nicht nur die Programmierung von Maschinen, sondern auch die Ethik von Entscheidungen in Kontexten, in denen Menschenleben, Werte und Rechte auf dem Spiel stehen.

KI-Systeme sind weder von Natur aus ethisch noch unmoralisch. Sie sind von Menschen konstruierte Geräte, die in der Lage sind, große Datenmengen zu verarbeiten, Muster zu erkennen und Entscheidungen auf der Grundlage von Algorithmen zu treffen. Mit zunehmender Autonomie von KI-Systemen werden sie jedoch mit Situationen konfrontiert, in denen es keine einheitlichen Lösungen gibt. Diese Situationen beinhalten oft widersprüchliche moralische Konzepte, und Entscheidungen, die durch KI getroffen werden, haben oft weitreichende moralische Auswirkungen.

Das klassischste Beispiel für ein moralisches Dilemma der KI findet sich im Bereich autonomer Motoren. Stellen Sie sich ein selbstfahrendes Fahrzeug vor, das auf der Straße auf ein überraschendes Hindernis stößt. Es muss in Sekundenbruchteilen eine Entscheidung treffen: Soll es so lenken, dass es eine Person erfasst und so die anderen im Auto rettet, oder soll es dem Hindernis ausweichen und dabei möglicherweise das Leben seiner Insassen gefährden, aber diejenigen außerhalb des Fahrzeugs retten? Dieses Szenario verkörpert das klassische „Trolley-Problem", ein Experiment zur moralischen Vorstellung, das im Kontext der KI-Ethik ausführlich diskutiert wurde. Das Problem ist komplex, denn es zwingt uns, uns mit grundlegenden Fragen zu Utilitarismus, Rechten und dem Wert der menschlichen Existenz auseinanderzusetzen.

Autonome Fahrzeuge, Gesundheitsstrukturen, Militärdrohnen und KI in der Sozialpolitik – all das beinhaltet Situationen, in denen KI Entscheidungen treffen muss, die das menschliche Wohlbefinden beeinflussen. Im Gesundheitswesen beispielsweise könnte eine KI die Aufgabe haben, Patienten Behandlungen zu empfehlen. Dabei gerät sie in das Dilemma, dass eine Behandlung für eine Patientengruppe wirksamer ist, für eine andere jedoch erhebliche Risiken birgt. Die Entscheidungsfindung der KI in diesen Kontexten gestaltet sich besonders schwierig, wenn menschliche Faktoren wie Voreingenommenheit, Datenschutz und Fairness berücksichtigt werden.

Der Kern des ethischen Dilemmas beim Einsatz von KI liegt darin, dass sie häufig nicht in der Lage ist, die Nuancen menschlicher Emotionen, Beziehungen und kultureller Werte zu verstehen. Eine KI-Maschine kann zwar Datensätze analysieren und Ergebnisse mit außergewöhnlicher Präzision erwarten, kann aber weder Empathie empfinden noch die emotionale Bedeutung ihrer Entscheidungen ertragen. Dies unterstreicht die erhebliche Spannung zwischen der Objektivität von Algorithmen und den subjektiven Bewertungen, die regelmäßig moralische Entscheidungen beeinflussen.

Darüber hinaus ist die Entscheidungsfindung von KI nur so effektiv wie die Daten, mit denen sie trainiert wurde. Wenn die von ihr verarbeiteten Daten Vorurteile enthalten, werden diese zwangsläufig in ihre Entscheidungen einfließen. Dies schafft ein ethisches Dilemma, da ein KI-System möglicherweise Ungleichheiten aufrechterhält oder bestimmte Unternehmen ohne menschliche Absicht diskriminiert. Die Auseinandersetzung mit diesen Vorurteilen ist entscheidend, um sicherzustellen, dass KI nicht versehentlich Schaden anrichtet oder gesellschaftliche Ungleichheiten aufrechterhält. Sie bietet aber auch einen Beitrag dazu, wie wir Fairness bei der maschinellen Lernverarbeitung von Algorithmen gewährleisten.

Mit der Integration von KI-Strukturen in immer komplexere gesellschaftliche Bereiche werden sich die ethischen Dilemmata, mit denen sie konfrontiert sind, wahrscheinlich weiterentwickeln. Die Aufgabe besteht nicht nur darin, sicherzustellen, dass KI-Strukturen Entscheidungen treffen, die mit unseren moralischen Werten übereinstimmen, sondern auch darin, die Verantwortung für schädliche oder unethische Entscheidungen von KI-Systemen zu bestimmen. Sollten die Schöpfer dieser Strukturen zur Rechenschaft gezogen werden? Oder muss die KI selbst die Verantwortung für ihr Handeln tragen, insbesondere im Falle von unbeabsichtigten Schäden?

Diese Fragen der Verantwortlichkeit und der moralischen Organisation führen uns zum grundlegenden Problem der Rolle von KI in der Gesellschaft. Sollte KI lediglich als Werkzeug betrachtet werden, das menschliche Entscheidungen unterstützt, oder sollte sie als unabhängige Einheit betrachtet werden, die in der Lage ist, moralische Entscheidungen zu treffen? Diese philosophische Frage bleibt Gegenstand intensiver Debatten, insbesondere da KI-Strukturen immer fortschrittlicher werden und Entscheidungen mit weitreichenden Folgen treffen können.

Die Konfrontation zwischen KI und moralischen Dilemmata wirft tiefgreifende Fragen über die Zukunft der Menschheit und die Ethik auf. Da KI-Systeme weiterhin konform gehen, müssen wir uns damit auseinandersetzen, wie Maschinen in komplexen moralischen Landschaften navigieren sollen und wie wir als Gesellschaft sicherstellen können, dass die Entscheidungen der KI mit unseren gemeinsamen ethischen Standards übereinstimmen. Dieser anhaltende Dialog wird die Rolle der KI in unserem Leben prägen und den moralischen Rahmen bestimmen, in dem diese Technologien agieren.

## *5.2. KI und menschliche Sicherheit*

Da Strukturen der künstlichen Intelligenz (KI) zunehmend in verschiedene Sektoren integriert werden, ist ihre Auswirkung auf den menschlichen Schutz ein kritisches Problem. Dieses Problem betrifft sowohl physische als auch digitale Nationalstaaten, in denen die Beteiligung von KI neben Möglichkeiten zum Schutz von Menschen, Gesellschaften und Nationen auch Gefahren birgt. Die Schnittstelle zwischen KI und menschlichem Schutz wirft kritische Fragen darüber auf, wie sichergestellt werden kann, dass KI-Systeme das menschliche Wohlergehen in allen Kontexten schützen, anstatt es zu bedrohen.

Das Potenzial von KI, die menschliche Sicherheit zu verbessern, ist enorm. In Bereichen wie Gesundheitswesen, Strafverfolgung, Sicherheit und Katastrophenschutz bieten KI-Technologien bemerkenswerte Möglichkeiten, Bedrohungen vorherzusehen, zu schützen und zu mindern. Im öffentlichen Sicherheitsbereich können KI-gesteuerte Überwachungssysteme beispielsweise große Datenmengen analysieren, um potenzielle kriminelle Aktivitäten aufzudecken oder neu entstehende Bedrohungen zu erkennen und so potenziell Schäden zu verhindern, bevor sie entstehen. Auch in der Cybersicherheit spielt KI eine entscheidende Rolle, da sie eingesetzt wird, um böswillige Angriffe in Echtzeit zu erkennen und darauf zu reagieren. Dies ist entscheidend für den Schutz vor einer wachsenden Zahl von Cyberbedrohungen.

Auch im Gesundheitswesen kann KI die Sicherheit verbessern, indem sie die Diagnostik, die Behandlungsgenauigkeit und die Effizienz von Notfallmaßnahmen verbessert. KI-gestützte Systeme können beispielsweise Muster in klinischen Daten erkennen, die von menschlichen Ärzten übersehen werden könnten. Dies ermöglicht eine frühere Erkennung von Krankheiten und verbessert letztendlich die Behandlungsergebnisse für Patienten. Die Fähigkeit der KI, potenzielle Krankheitsausbrüche oder Gesundheitskrisen vorherzusagen und zu modellieren, ist ein weiterer Bereich, in dem sie die menschliche Sicherheit auf globaler Ebene gewährleisten kann.

Trotz dieser Vorteile birgt der Aufstieg der KI erhebliche Gefahren für die menschliche Sicherheit, insbesondere wenn KI-Strukturen missbraucht, schlecht konzipiert oder fehlerhaft funktionieren. Eine der dringendsten Sorgen ist die Bewaffnung von KI. Autonome Drohnen, unabhängige Waffensysteme und KI-gesteuerte Marinetechnologien haben das Potenzial, die Kriegslandschaft zu verändern und neue Risiken für Kombattanten und Zivilisten zu schaffen. Die Fähigkeit der KI, Entscheidungen in Lebens- und Todessituationen ohne menschliche Aufsicht zu treffen, wirft tiefgreifende ethische und sicherheitspolitische Fragen auf, insbesondere im Hinblick auf Verantwortungsfragen und die Möglichkeit einer unbeabsichtigten Eskalation in Konfliktgebieten.

KI-Systeme sind aufgrund ihrer Komplexität auch anfällig für Hackerangriffe und Manipulation. Ein kompromittiertes KI-System könnte missbraucht werden, um lebenswichtige Infrastrukturen – von Stromnetzen bis hin zu Verkehrssystemen – zu zerstören und so möglicherweise Millionen von Menschenleben zu gefährden. Solche Angriffe könnten zur Unterbrechung wichtiger Dienste führen und die Sicherheit und Stabilität der Menschen in den betroffenen Gebieten gefährden. Die Anfälligkeit von KI-Systemen für Cyberangriffe unterstreicht die Bedeutung der Cybersicherheit für den Schutz der menschlichen Sicherheit. Da KI-Systeme in wichtigen Sektoren wie Energie, Kommunikation und Verkehr immer häufiger zum Einsatz kommen, wird ihre Widerstandsfähigkeit gegen Angriffe für den Erhalt des gesellschaftlichen Wohlergehens entscheidend.

Im digitalen Bereich wirft die Rolle von KI bei Überwachung und Informationsbeschaffung zudem Fragen zu Privatsphäre und bürgerlichen Freiheiten auf. KI kann zwar durch die Überwachung von Bedrohungen den Schutz erhöhen, kann aber bei Missbrauch auch die Rechte der Menschen verletzen. In autoritären Regimen beispielsweise kann KI-gestützte Überwachung dazu genutzt werden, abweichende Meinungen zu identifizieren und zu unterdrücken, was eine Gefahr für die persönlichen Freiheiten und die gesellschaftliche Stabilität darstellt. Um das Schutzbedürfnis mit dem Schutz der Menschenrechte in Einklang zu bringen, ist es entscheidend, sicherzustellen, dass der Einsatz von KI zur Überwachung ethisch und transparent ist und angemessene Schutzmaßnahmen zum Schutz der Privatsphäre getroffen werden.

Das Entscheidungspotenzial von KI kann, auch in Krisensituationen wie Notfallmaßnahmen, anspruchsvolle Situationen mit sich bringen. In Katastrophenfällen kann KI eingesetzt werden, um Patienten zu triagieren, Ressourcen zuzuweisen oder Evakuierungsmaßnahmen zu steuern. Die Abhängigkeit von KI-Strukturen bei Entscheidungen, die Menschenleben betreffen, verstärkt jedoch Bedenken hinsichtlich Gerechtigkeit, Transparenz und Verantwortung. Trifft ein KI-System eine falsche oder voreingenommene Entscheidung, kann dies lebensverändernde Folgen haben und die Sicherheit gefährdeter Bevölkerungsgruppen zusätzlich erschweren.

Darüber hinaus bringt die zunehmende Bedeutung von KI in privaten Geräten und intelligenter Technologie neue Gefahren für die menschliche Sicherheit mit sich. Von sprachgesteuerten Assistenten bis hin zu selbstfahrenden Autos sammeln KI-gesteuerte Geräte ständig Daten über die

Handlungen, Möglichkeiten und das Verhalten von Menschen. Diese Statistiken können zwar die persönliche Erfahrung verbessern und den Schutz erhöhen, schaffen aber auch neue Schwachstellen. Persönliche Daten können für böswillige Zwecke, wie Identitätsdiebstahl, missbraucht oder durch gezielte Falschinformationskampagnen zur Verhaltensmanipulation eingesetzt werden. Da die Menschen im Alltag zunehmend von KI-Systemen abhängig sind, ist der Schutz dieser Daten vor Datendiebstahl und Missbrauch für die Wahrung der persönlichen Sicherheit von entscheidender Bedeutung.

Das Potenzial von KI, die Sicherheit zu verbessern, muss auch gegen das Potenzial abgewogen werden, neue Formen der Ungleichheit zu schaffen. Der Zugang zu KI-gestützter Sicherheitstechnologie könnte bestimmte Organisationen überproportional begünstigen und andere anfälliger für Sicherheitsbedrohungen machen. So könnten beispielsweise fortschrittliche Überwachungssysteme vorwiegend in wohlhabenderen oder stärker entwickelten Regionen eingesetzt werden, wodurch marginalisierte Gruppen weniger geschützt sind. Ebenso könnte die ungleiche Verteilung der Vorteile von KI im Gesundheitswesen oder im Bildungswesen die bestehenden Ungleichheiten beim Zugang zu grundlegenden Dienstleistungen verschärfen und die Bemühungen zur

Förderung der weltweiten menschlichen Sicherheit untergraben.

Die Bewältigung dieser Risiken erfordert einen vielschichtigen Ansatz, der Regierungen, Industrie und globale Organisationen einbezieht. Die Entwicklung globaler Rahmenbedingungen für den verantwortungsvollen Einsatz von KI, die Gewährleistung von Transparenz bei deren Gestaltung und Implementierung sowie die Aufrechterhaltung verantwortlicher KI-Strukturen sind entscheidend, um sicherzustellen, dass KI einen positiven Beitrag zur menschlichen Sicherheit leistet. Darüber hinaus ist die Berücksichtigung ethischer Aspekte bei der Verbesserung von KI-Technologien entscheidend, um Missbrauch zu verhindern und das Schadenspotenzial zu minimieren.

Die Rolle der KI für die menschliche Sicherheit bietet vielfältige Chancen, aber auch Herausforderungen. Da sich KI ständig weiterentwickelt, ist es wichtig, Strategien zu entwickeln, um ihr Potenzial zu nutzen und gleichzeitig die damit verbundenen Gefahren zu adressieren. Die Zukunft der menschlichen Sicherheit hängt nicht nur von technologischen Fortschritten ab, sondern auch davon, wie wir die ethischen, politischen und gesellschaftlichen Herausforderungen meistern, die mit dem Aufstieg der KI einhergehen. Indem wir KI mit dem Engagement für den Schutz der Menschenwürde, der Privatsphäre und der Menschenrechte verbinden, können wir sicherstellen, dass KI als Kraft für das Recht dient, den Schutz verbessert und gleichzeitig Schäden minimiert.

### 5.3. Die Rolle der KI in der Gesellschaft

Die zunehmende Präsenz künstlicher Intelligenz (KI) in der Gesellschaft markiert einen tiefgreifenden Wandel in der Art und Weise, wie Individuen, Gruppen und Institutionen agieren. KI hat bereits bewiesen, dass sie zahlreiche Sektoren – vom Gesundheitswesen über den Verkehr, das Bildungswesen und die Unterhaltung bis hin zur Verwaltung – umgestalten kann. Die tieferen Auswirkungen der KI in der Gesellschaft gehen jedoch über ihre technologischen Fähigkeiten hinaus und werfen grundlegende Fragen zu ihrem Einfluss auf soziale Systeme, Beziehungen und kulturelle Normen auf.

Im Mittelpunkt der gesellschaftlichen Funktion von KI steht ihre Fähigkeit, herausragende Leistung und Innovation voranzutreiben. In der Geschäftswelt ermöglichen KI-Systeme Teams die Automatisierung von Prozessen, die Verbesserung des Kundenservice und die Optimierung von Entscheidungsprozessen. Das Potenzial von KI, große Datensätze schnell und effizient zu analysieren, ermöglicht die Entwicklung effektiverer Strategien und Lösungen. Mit der zunehmenden Einführung von KI in der Industrie steigt das Potenzial für Wirtschaftswachstum und Produktivität, jedoch auch das Risiko erheblicher Disruptionen. Arbeitsplätze in traditionellen Sektoren können durch Automatisierung verändert werden, was zu Veränderungen auf dem Arbeitsmarkt führt und eine Neubewertung der Personalstrukturen erfordert.

KI kann zwar die Produktivität steigern, verstärkt aber auch die Besorgnis hinsichtlich Arbeitslosigkeit und Einkommensungleichheit. Die Automatisierung gewohnter Aufgaben in Branchen wie Produktion, Transport und Einzelhandel droht Millionen von Menschen zu verdrängen, insbesondere in gering qualifizierten Berufen. Obwohl KI neue Möglichkeiten in technologieorientierten Bereichen schaffen kann, wird der Übergang für diejenigen, deren Fähigkeiten nicht sofort auf das KI-gesteuerte Wirtschaftssystem übertragbar sind, nicht reibungslos verlaufen. Daher steht die Gesellschaft vor der Aufgabe, sicherzustellen, dass Arbeitnehmer, die durch den Einsatz von KI-Technologien verdrängt werden, Möglichkeiten zur Umschulung und Verbesserung ihrer Fähigkeiten erhalten, um in einem sich entwickelnden Arbeitsmarkt relevant zu bleiben.

Die gesellschaftlichen Auswirkungen von KI erstrecken sich auch auf Privatsphäre und persönliche Freiheiten. KI-Systeme sind zunehmend in den Alltag integriert, von intelligenten Geräten bis hin zu Überwachungsnetzwerken. Diese Technologien können Komfort und Sicherheit erhöhen, wecken aber auch große Bedenken hinsichtlich der Beeinträchtigung der Privatsphäre. Die große Menge an privaten Informationen, die durch KI-Systeme gesammelt werden, könnte für geschäftliche Zwecke missbraucht werden und potenziell die Privatsphäre und Autonomie der Menschen gefährden. Darüber hinaus wirft der Einsatz von KI in der Überwachung, sei es durch Regierungen oder private Unternehmen, moralische Fragen zum Gleichgewicht zwischen Sicherheit und Privatsphäre auf. Die anhaltende Debatte über Datenbesitz, Einwilligung und Überwachungspraktiken ist von zentraler Bedeutung für die Rolle von KI bei der Gestaltung gesellschaftlicher Normen und Werte.

Darüber hinaus bringt die Integration von KI in Regierungsführung und Strafverfolgung neue Herausforderungen in Bezug auf Verantwortlichkeit, Voreingenommenheit und Fairness mit sich. KI-Systeme, die beispielsweise in der Strafjustiz eingesetzt werden, haben das Potenzial, Abläufe zu rationalisieren und die Leistung zu steigern. Diese Systeme sind jedoch nicht vor Voreingenommenheit geschützt, und ihr Einsatz in Entscheidungsprozessen kann bestehende Ungleichheiten verewigen. Beispielsweise könnten prädiktive Polizeialgorithmen Minderheiten überproportional ins Visier nehmen und so gesellschaftliche Spaltungen verstärken. Ein gerechter und transparenter Einsatz von KI-Technologien ist entscheidend, um Diskriminierung zu verhindern und das Vertrauen in KI-gesteuerte Strukturen zu fördern.

Die Rolle von KI bei der Gestaltung sozialer Interaktionen ist ein weiterer wichtiger Aspekt ihres Einflusses auf die Gesellschaft. Soziale Mediensysteme, die auf KI-Algorithmen basieren, beeinflussen die Informationen, denen Menschen ausgesetzt sind, und prägen so die öffentliche Meinung und den politischen Diskurs. KI-gestützte Content-Empfehlungssysteme können zwar personalisierte Geschichten kuratieren, geben aber auch Anlass zur Sorge hinsichtlich der Verbreitung von Fehlinformationen und der Verstärkung von Echokammern. Die Leichtigkeit, mit der KI Online- Inhalte generieren und verbreiten kann, birgt neue Manipulationsrisiken – von Deepfakes bis hin zu Fake News – und untergräbt das Vertrauen in Informationsquellen. Die gesellschaftliche Aufgabe besteht darin, sicherzustellen, dass der Einfluss von KI auf den öffentlichen Diskurs so kontrolliert wird, dass die Verbreitung wahrheitsgetreuer Informationen gefördert und gleichzeitig die Verbreitung schädlicher Inhalte eingedämmt wird.

Der Einfluss von KI auf den sozialen Zusammenhalt erstreckt sich auch auf das Gesundheitswesen, das Bildungswesen und die sozialen Dienste. Im Gesundheitswesen ermöglicht KI-Technologie präzisere Diagnosen, personalisierte Behandlungspläne und einen besseren Zugang zu Krankenhausbehandlungen. KI-gestützte Geräte können wissenschaftliche Daten analysieren, um Muster zu erkennen und Ergebnisse vorherzusagen, was Ärzten hilft, fundierte

Entscheidungen zu treffen. Obwohl KI im Gesundheitswesen größtenteils hervorragende Beiträge leistet, bleibt die Gewährleistung eines gerechten Zugangs zu diesen Technologien, insbesondere in unterversorgten oder marginalisierten Gemeinschaften, weiterhin schwierig. Der Einsatz von KI im Gesundheitswesen könnte bestehende Ungleichheiten verschärfen, wenn er nicht sorgfältig kontrolliert wird, und gefährdeten Bevölkerungsgruppen den Zugang zu einer besseren Versorgung verwehren.

Ebenso verspricht die Rolle der KI im Bildungswesen personalisiertes Lernen und fortschrittliche Bildungsergebnisse. KI-gestützte Systeme können den Lernfortschritt von Schülern beurteilen, Verbesserungsbereiche identifizieren und den Unterricht an individuelle Bedürfnisse anpassen. Diese Innovationen haben zwar das Potenzial, die Bildung zu verändern, geben aber auch Anlass zur Sorge hinsichtlich der Standardisierung von Lernberichten und der Verstärkung von Verzerrungen in algorithmischen Modellen. Um positive Auswirkungen auf die Schüler sicherzustellen, ist es von grundlegender Bedeutung, sicherzustellen, dass KI im Bildungswesen Vielfalt und Inklusion fördert, anstatt bestehende Ungleichheiten zu verstärken.

Die kulturellen Auswirkungen der Rolle von KI in der Gesellschaft sind ebenfalls tiefgreifend. Mit zunehmender Weiterentwicklung von KI-Systemen stellen sie traditionelle

Vorstellungen von Kreativität, Urheberschaft und menschlichem Einfallsreichtum in Frage. In Bereichen wie Kunst, Musik und Literatur erweitern KI-generierte Werke bereits die Grenzen der Kreativität. Es stellt sich jedoch die Frage: Wem gehören die Rechte an KI-generierten Werken? Kann eine Maschine als Künstler betrachtet werden oder ist Kreativität von Natur aus menschlich? Die Debatte um die Position von KI in den Innovationsbranchen wirft komplexe Fragen zu geistigem Eigentum, Originalität und dem Charakter des kreativen Ausdrucks auf. Da KI weiterhin eine größere Rolle in der kulturellen Produktion spielt, muss sich die Gesellschaft mit diesen Fragen auseinandersetzen und ihr Kreativitätsverständnis neu definieren.

Neben ihren kulturellen Auswirkungen ist die gesellschaftliche Rolle der KI mit umfassenderen moralischen Überlegungen verknüpft. Da KI-Systeme Autonomie fördern, wird die Frage der Verantwortlichkeit immer wichtiger. Wer trägt die Verantwortung, wenn eine KI-Maschine eine Entscheidung trifft, die Menschen oder der Gesellschaft schadet? Sollten die Entwickler, Nutzer oder die KI-Maschine selbst zur Verantwortung gezogen werden? Diese Fragen sind entscheidend, um sicherzustellen, dass die Integration der KI in die Gesellschaft verantwortungsvoll und ethisch erfolgt. Die Entwicklung von Rahmenbedingungen für KI-Verantwortung und -Governance ist entscheidend, um das Vertrauen in KI-

Systeme zu wahren und sicherzustellen, dass ihr Einsatz mit gesellschaftlichen Werten und Ideen übereinstimmt.

Die Rolle der KI in der Gesellschaft wird sich mit der Weiterentwicklung der Technologien und der Erweiterung ihrer Anwendungen weiter anpassen. Die damit verbundenen Herausforderungen sind vielfältig und erfordern sorgfältige Überlegungen und Aufmerksamkeit auf jeder Entwicklungs- und Einsatzebene. Von der Gewährleistung fairer Nutzung der KI-Vorteile bis hin zum Umgang mit ihren Auswirkungen auf Privatsphäre, Beschäftigung und sozialen Zusammenhalt sollte die Gesellschaft die Zukunft der KI aktiv mitgestalten. Indem wir den Dialog fördern, ethische Richtlinien entwickeln und menschenorientierte Werte priorisieren, können wir die Komplexität der KI-Stellung in der Gesellschaft bewältigen und auf eine Zukunft hinarbeiten, in der ihre Vorteile breit geteilt und ihre Gefahren wirksam bewältigt werden.

### *5.4. Das Dual-Use-Potenzial der KI nutzen*

Künstliche Intelligenz steht an der Schnittstelle bemerkenswerter Möglichkeiten und komplexer Risiken. Ihr doppelter Nutzen – die Nutzung derselben Technologie für nützliche und schädliche Zwecke – stellt Entwickler, politische Entscheidungsträger und die Gesellschaft insgesamt vor eine anspruchsvolle Aufgabe. Einerseits bietet KI transformative Lösungen in den Bereichen Gesundheitswesen,

Umweltüberwachung, Bildung und Wirtschaft. Andererseits kann sie als Waffe eingesetzt, für Überwachung und Kontrolle missbraucht oder durch unbeabsichtigte Folgen Schaden anrichten. Die Nutzung des doppelten Nutzenpotenzials von KI erfordert ein differenziertes Verständnis ihrer Fähigkeiten, eine sorgfältige Steuerung, moralische Weitsicht und kollaborative globale Rahmenbedingungen, um den Nutzen zu maximieren und gleichzeitig die Risiken zu minimieren.

Die Idee des Dual-Use-Zeitalters ist nicht neu; Atomkraft, Biotechnologie und Kryptografie verkörpern dieses Paradoxon schon lange. Die rasante Entwicklung und breite Anwendbarkeit der KI erhöhen jedoch die Herausforderungen. Beispielsweise können Gadget-Lernalgorithmen, die Durchbrüche in der klinischen Diagnostik ermöglichen, auch für die Entwicklung autonomer Waffen oder hochmoderner Cyberangriffe eingesetzt werden. Deepfake-Technologien, die die Erstellung von Inhalten und Kunstwerken demokratisieren, können gleichzeitig Fehlinformationen, Betrug und politische Manipulation begünstigen. Autonome Strukturen für Logistik und Transport können für Marinedrohnen oder Überwachungsgeräte adaptiert werden. Diese Dualität erschwert die Bemühungen, die Entwicklung und den Einsatz von KI zu steuern, ohne Innovationen zu behindern.

Eine zentrale Aufgabe besteht darin, gutartige von bösartigen KI-Programmen zuverlässig zu unterscheiden. Im Gegensatz zu konventionellen Waffen basiert KI auf Software und basiert in der Regel auf global verfügbaren Open-Source-Strukturen. Ihre Komponenten – Algorithmen, Datensätze, Rechenleistung – können schnell kombiniert und modifiziert werden. Diese Flexibilität erschwert die Entwicklung und Umsetzung von Exportkontrollen und Regulierungsmaßnahmen. Zudem übertrifft das Tempo der KI-Forschung und -Einführung die Geschwindigkeit der politischen Entscheidungsfindung, wodurch Regulierungslücken entstehen, die böswillige Akteure zusätzlich ausnutzen können. Governance-Strategien sollten daher Sicherheitsbedenken mit Offenheit und Innovation in Einklang bringen und übermäßig restriktive Richtlinien vermeiden, die einen nützlichen Einsatz verhindern.

Ethische Rahmenbedingungen betonen die Verpflichtung von KI-Forschern und -Organisationen, in der Entwurfs- und Entwicklungsphase Risiken für die doppelte Nutzung zu übernehmen. Prinzipien wie „verantwortungsvolle Innovation" und „vorbeugende Maßnahmen" empfehlen die Einbettung von Sicherheits-, Transparenz- und menschlichen Kontrollmechanismen, um Missbrauch zu verhindern. Entwickler können beispielsweise Zugriffskontrollen, Überwachungssysteme und Nutzungsbeschränkungen für sensible KI-Modelle implementieren. Differenzierte Privatsphäre und föderierte Lernmethoden schützen die Vertraulichkeit von Daten und verringern das

Missbrauchsrisiko. Ethische Überprüfungsforen und interne Governance-Systeme können Projekte auf mögliche Auswirkungen auf die doppelte Nutzung prüfen und so eine verantwortungsvolle KI-Entwicklung fördern.

Auf politischer Ebene ist globale Zusammenarbeit unerlässlich. Die grenzenlose Natur der KI erfordert kollaborative Rahmenbedingungen wie Atomwaffensperrverträge oder Verträge über Biowaffen. Multilaterale Institutionen wie die Vereinten Nationen, die OECD und spezialisierte KI-Governance-Gremien spielen eine entscheidende Rolle bei der Förderung des Dialogs, der Festlegung von Normen und der Koordinierung der Aufsicht. Gemeinsame Standards in Bezug auf Transparenz, Sicherheit und Ethik können die Bemühungen verschiedener Länder harmonisieren und so das Risiko eines KI-Wettrüstens oder - Missbrauchs minimieren. Geopolitische Rivalitäten und unterschiedliche nationale Interessen erschweren jedoch die Konsensbildung und unterstreichen die Notwendigkeit von Mitspracherecht und inklusiver Beteiligung.

Herausforderungen durch KI mit doppeltem Verwendungszweck erfordern zudem robuste Erkennungs- und Reaktionsfähigkeit. Cybersicherheitsinfrastrukturen müssen weiterentwickelt werden, um KI-basierte Bedrohungen wie automatisiertes Hacking, Datenvergiftung oder Fake-News-Kampagnen zu erkennen und einzudämmen. Regierungen und der private Sektor müssen in den Austausch von

Bedrohungsinformationen, schnelle Reaktionsteams und KI-gestützte Verteidigungstools investieren. Gleichzeitig können Transparenz- und Sensibilisierungskampagnen die Nutzer befähigen, bösartige KI-generierte Inhalte oder Manipulationen zu erkennen und ihnen zu widerstehen.

Ein weiterer Maßstab sind die soziopolitischen Auswirkungen von KI mit doppeltem Verwendungszweck. Überwachungstechnologie, die auf Gesichtserkennung und Verhaltensanalyse basiert, könnte, wenn sie in autoritären Regimen eingesetzt wird, auch abweichende Meinungen unterdrücken und Menschenrechte verletzen. Andererseits können diese Instrumente bei guter Regulierung die öffentliche Sicherheit und die Effektivität der Strafverfolgung in demokratischen Gesellschaften verbessern. Um die Vorteile der Sicherheit mit den bürgerlichen Freiheiten in Einklang zu bringen, sind strenge Sicherheitsvorkehrungen, Aufsicht und Rechtsbehelfe erforderlich.

Forschung zur Sicherheit und Abstimmung von KI befasst sich mit langfristigen Bedenken hinsichtlich der doppelten Nutzung. Um katastrophalen Missbrauch oder Schäden zu vermeiden, ist es von größter Bedeutung sicherzustellen, dass zunehmend unabhängige KI-Systeme im Einklang mit menschlichen Werten und Absichten handeln. Dazu gehören die Entwicklung von Interpretierbarkeitsmethoden, ausfallsicheren Architekturen und Verfahren zur Gebührenanpassung. Investitionen in KI-Sicherheitsstudien, unterstützt vom öffentlichen und privaten Sektor, tragen dazu bei, existenzielle Risiken im Zusammenhang mit fortgeschrittenen KI-Kompetenzen zu antizipieren und zu mindern.

Der private Sektor spielt eine entscheidende Rolle bei der Bewältigung der Herausforderungen der Doppelnutzung. Technologieagenturen, Start-ups und Forschungseinrichtungen haben großen Einfluss auf die Entwicklung der KI. Branchenselbstregulierung, ethische Richtlinien und kollaborative Initiativen wie die „Partnership on AI" zeigen Bemühungen, die Risiken der Doppelnutzung verantwortungsvoll zu managen. Industrieller Druck und Wettbewerbsdynamiken erschweren jedoch manchmal die Vorsicht und erfordern transparente Berichterstattung, Stakeholder-Engagement und externe Rechenschaftsmechanismen.

Die Nutzung der dualen Nutzungsmöglichkeiten von KI erfordert eine integrierte Strategie, die moralische Weitsicht, technische Schutzmaßnahmen, politische Innovation, globale Zusammenarbeit und öffentliches Engagement vereint. Ziel ist es nicht, die KI-Entwicklung zu stoppen, sondern sie in Richtung positiver Ziele zu lenken und gleichzeitig Risiken proaktiv zu begegnen. Der Erfolg hängt davon ab, die untrennbare Natur von Chancen und Gefahren der KI-Technologie zu erkennen und sich zu einer gemeinsamen

Verantwortung zu verpflichten, die die gemeinsame Zukunft der Menschheit schützt. Durch Wachsamkeit, Zusammenarbeit und prinzipientreues Handeln kann die Gesellschaft das Potenzial der KI nutzen und gleichzeitig ihren Missbrauch verhindern.

### 5.5. KI und die Zukunft menschlicher Werte

Da künstliche Intelligenzsysteme immer stärker in den Alltag integriert werden, stellt sich die Frage, wie KI menschliche Werte prägen und durch sie geprägt werden wird, drängend und tiefgreifend. Menschliche Werte umfassen ein breites Spektrum an ethischen Prinzipien, kulturellen Normen, emotionalen Empfindungen und sozialen Prioritäten, die Gesellschaften und Menschen prägen. Das Zusammenspiel zwischen KI und diesen Werten ist nicht unidirektional, sondern eine dynamische, sich entwickelnde Beziehung, in der KI-Technologien menschliches Verhalten und Entscheidungen beeinflussen, während menschliche Werte Design, Einsatz und Regulierung von KI bestimmen. Das Verständnis dieses komplexen Zusammenspiels ist entscheidend, um sicherzustellen, dass die KI-Entwicklung mit den kollektiven Bestrebungen der Menschheit übereinstimmt und eine Zukunft fördert, in der die Technologie unsere Grundwerte ergänzt, anstatt sie zu untergraben.

Im Mittelpunkt dieses Diskurses steht die Erkenntnis, dass KI-Systeme keine intrinsischen Werte oder Schwerpunkte besitzen; ihr Verhalten spiegelt die von menschlichen Schöpfern vorgegebenen Ziele, Fakten und Gestaltungsoptionen wider. Da KI jedoch zunehmend an Entscheidungsprozessen beteiligt ist – von Gesundheitsrichtlinien bis hin zu juristischen Untersuchungen, von der Kuratierung von Social-Media-Inhalten bis hin zu autonomen Fahrzeugen –, verstärkt sich ihr Einfluss auf soziale Normen, individuelle Autonomie und kulturelle Praktiken. Dies wirft wichtige Fragen auf: Welche menschlichen Werte sollte KI priorisieren? Wie können unterschiedliche und manchmal widersprüchliche Werte in Algorithmen kodiert werden? Und wie wird die breite Akzeptanz von KI das kollektive Verständnis von Gerechtigkeit, Privatsphäre, Empathie und Identität verändern?

Eines der wichtigsten Probleme ist die Kostenanpassung: die Herausforderung, sicherzustellen, dass KI-Systeme stets mit menschlichen Werten arbeiten. Eine Fehlanpassung birgt das Risiko, schädliche, ungerechte oder den gesellschaftlichen Erwartungen widersprechende Folgen zu haben. Beispielsweise kann KI, die ausschließlich auf die Leistung bei der Verteilung von Gesundheitsleistungen optimiert ist, Fairness und Mitgefühl außer Acht lassen und dadurch gefährdete Bevölkerungsgruppen überproportional benachteiligen. Forscher entwickeln Rahmen und Methoden, um Werte explizit in KI-Systeme zu integrieren. Dazu gehören Techniken wie die Programmierung ethischer Einschränkungen, die Steuerung von Wünschen und partizipative Designstrategien, die Stakeholder-Input einbeziehen. Der Kostenpluralismus – bei dem unterschiedliche Kulturen oder Menschen unterschiedliche Werte vertreten – erschwert jedoch die generische Anpassung und erfordert anpassungsfähige und kontextsensitive KI-Modelle.

Datenschutz stellt ein grundlegendes menschliches Anliegen dar, das durch den Einsatz von KI zunehmend in Frage gestellt wird. Überwachungsmöglichkeiten, die auf KI-gestützter Datenverarbeitung basieren, können die Autonomie und Anonymität des Einzelnen untergraben und so potenziell das Vertrauen in Institutionen und zwischenmenschliche Beziehungen gefährden. Die Zukunft des Datenschutzes in einer KI- gestützten Welt hängt davon ab, wie Gesellschaften Kompromisse zwischen Sicherheit, Komfort und Vertraulichkeit aushandeln. Konzepte wie „Privacy by Design" und robuste Data-Governance-Rahmenwerke zielen darauf ab, das Bewusstsein für Datenschutz von Anfang an in KI-Systemen zu verankern und spiegeln das Engagement für die Wahrung der Menschenwürde im technologischen Fortschritt wider.

Gerechtigkeit und Fairness sind zentrale menschliche Werte, die durch KI stark beeinträchtigt werden. Der Einsatz von KI in der Strafverfolgung, bei der Kreditwürdigkeitsprüfung, im Personalwesen und im Sozialwesen verdeutlicht das Risiko, systemische Vorurteile durch algorithmische Entscheidungsfindung zu verewigen. Um sicherzustellen, dass KI Fairness respektiert, sind nicht nur technische Lösungen – wie die Reduzierung von Vorurteilen und Transparenz – erforderlich, sondern auch umfassendere gesellschaftliche Anstrengungen zur Bekämpfung struktureller Ungleichheiten. Darüber hinaus beeinflusst die Interpretierbarkeit von KI die Wahrnehmung von Gerechtigkeit: Menschen verlangen nach Erklärungen für Entscheidungen, die ihr Leben betreffen, und verknüpfen Gerechtigkeit mit Verantwortung und Vertrauen.

Die Zukunft von Empathie und emotionaler Verbundenheit wird durch KI zusätzlich verändert. Soziale Roboter, digitale Assistenten und affektive Computersysteme sind darauf ausgelegt, menschliche Gefühle zu erkennen, zu simulieren und darauf zu reagieren. Diese Technologien können zwar Gesellschaft leisten und unterstützen, werfen aber Fragen nach Authentizität und dem Charakter menschlicher Beziehungen auf. Wird die Abhängigkeit von KI-Begleitern das soziale Verhalten verändern oder die zwischenmenschliche Empathie verringern? Die Balance zwischen technologischer Förderung emotionalen Wohlbefindens und der Aufrechterhaltung menschlicher Interaktion ist eine zentrale ethische Herausforderung.

Der Einfluss von KI auf Identität und Autonomie führt zu ähnlicher Komplexität. Personalisierte Algorithmen formen die von Menschen konsumierten Informationen, verstärken potenziell Echokammern und beeinflussen die Selbstwahrnehmung. Die Fähigkeit von KI, künstliche Medien zu generieren, stellt Realitäts- und Glaubensvorstellungen in Frage, was Auswirkungen auf kulturelle Narrative und das kollektive Gedächtnis hat. Darüber hinaus wirft die Rolle von KI bei der Erweiterung menschlicher Fähigkeiten – durch Gehirn-Computer-Schnittstellen oder kognitive Verbesserung – philosophische Fragen über die Grenzen menschlicher Identität und unternehmerischen Handelns auf.

Governance und Recht spielen eine zentrale Rolle bei der Verankerung menschlicher Werte in der Zukunft der KI. Ethische Richtlinien, rechtliche Rahmenbedingungen und Standards müssen den gesellschaftlichen Konsens widerspiegeln und gleichzeitig Flexibilität für Innovation und kulturelle Vielfalt ermöglichen. Partizipative Ansätze unter Einbeziehung der Zivilgesellschaft, marginalisierter Unternehmen und interdisziplinärer Fachkräfte tragen dazu bei, dass KI pluralistische Werte respektiert und die Gefahr von Ausgrenzung oder Schädigung minimiert.

Bildung und öffentliches Engagement sind gleichermaßen wichtig, um gemeinsames Fachwissen und fundierte Entscheidungen über die Rolle von KI in der Gesellschaft zu fördern. Die Vermittlung von KI-Kompetenzen ermöglicht eine wichtige Reflexion über die Vorteile und Herausforderungen der Ära und fördert die demokratische Kontrolle über die Entwicklung von KI.

Die Zukunft menschlicher Werte im Zeitalter der KI ist weder vorherbestimmt noch statisch. Sie wird durch kontinuierlichen Dialog, Verhandlungen und Modellbildung zwischen Technologieexperten, politischen Entscheidungsträgern und der Gesellschaft insgesamt geprägt. Durch die bewusste Integration ethischer Werte und kultureller Sensibilität in die KI-Entwicklung kann die Menschheit diese mächtigen Werkzeuge der Verbesserung von Würde, Gerechtigkeit, Empathie und Freiheit näherbringen. Auf diese Weise wird KI nicht nur zu einer technologischen Innovation, sondern auch zu einem Teil des gemeinsamen Strebens nach menschlichem Wohlergehen.

# KAPITEL 6

## KI und Menschenrechte

## *6.1. Die Auswirkungen der KI auf die Menschenrechte*

Der Aufschwung der Künstlichen Intelligenz (KI) hat eine neue Generation technologischer Verbesserungen hervorgebracht, die zahlreiche gesellschaftliche Aspekte revolutionieren werden. Mit der fortschreitenden Anpassung dieser Technologien werden jedoch Fragen zu ihren Auswirkungen auf die Menschenrechte immer dringlicher. Die Fähigkeit der KI, Industrien, Regierungsführung und sogar den Alltag neu zu gestalten, erhöht die Komplexität ethischer, rechtlicher und sozialer Herausforderungen.

Eine der größten Sorgen hinsichtlich der Auswirkungen von KI auf die Menschenrechte betrifft ihre Auswirkungen auf die Privatsphäre. KI-gestützte Technologien, insbesondere in Form von Überwachungssystemen, Data Mining und Gesichtserkennung, können das Recht auf Privatsphäre beeinträchtigen. Die Fähigkeit von KI, große Mengen personenbezogener Daten zu untersuchen – oft ohne ausdrückliche Zustimmung – hat Debatten über die Aushöhlung der Privatsphäre im digitalen Zeitalter ausgelöst. Regierungen und Unternehmen setzen KI-Geräte zunehmend zu Überwachungszwecken ein und verletzen damit möglicherweise das Recht auf Privatsphäre.

Der großflächige Einsatz von KI-Überwachungssystemen, einschließlich Gesichtserkennung im öffentlichen Raum, hat Bedenken hinsichtlich des „digitalen Panoptismus" geweckt. Damit ist die Vorstellung gemeint, dass KI eine lückenlose Überwachung einzelner Personen ermöglicht und so ganze Bevölkerungen ins Visier nimmt. Während Befürworter argumentieren, diese Technologien seien für den Schutz der Öffentlichkeit und die Kriminalprävention unerlässlich, behaupten Kritiker, sie ermöglichten autoritären Regierungen und Gruppen eine beispiellose Kontrolle über die Bevölkerung.

Die Aufgabe besteht darin, das Bedürfnis nach Sicherheit und Komfort mit dem Schutz grundlegender Menschenrechte in Einklang zu bringen. Angesichts der zunehmenden Verbreitung von KI ist es wichtig, dass Richtlinien eingeführt werden, um sicherzustellen, dass die Privatsphäre nicht unnötig zugunsten von Leistung oder Sicherheit geopfert wird.

Der Einfluss von KI auf die Meinungsfreiheit ist ein weiterer Bereich, in dem Menschenrechte gefährdet sind. Social-Media-Plattformen, Informationsshops und sogar Suchmaschinen nutzen zunehmend KI, um Inhalte zu kuratieren, Artikel zu empfehlen und Diskussionen zu moderieren. Diese Tools können zwar das Benutzererlebnis verbessern, können aber auch die Menge an öffentlich zugänglichen Informationen und Ideen einschränken.

KI-gesteuerte Moderationsstrukturen für Inhalte können beispielsweise unbeabsichtigt gültige politische Diskurse zensieren oder abweichende Meinungen unterdrücken. Die von diesen Strukturen verwendeten Algorithmen sind oft undurchsichtig und können durch inhärente Verzerrungen beeinflusst sein. Wenn KI-Systeme Inhalte aufgrund vager Kriterien oder ohne menschliche Kontrolle kennzeichnen oder entfernen, kann Menschen das Recht auf freie Meinungsäußerung verwehrt werden, insbesondere wenn diese Kritiken gegen vorherrschende politische, kulturelle oder soziale Normen verstoßen.

Darüber hinaus stellt die Fähigkeit der KI, Medien durch Deepfakes und künstliche Inhalte zu manipulieren, eine zusätzliche Bedrohung für die Integrität des öffentlichen Diskurses dar. Desinformations- und Desinformationskampagnen, die durch KI-generierte Inhalte angeheizt werden, können Wahlen stören, Gewalt auslösen oder Verwirrung stiften. In solchen Fällen können die Menschenrechte im Zusammenhang mit der Meinungsfreiheit und dem Zugang zu korrekten Daten ernsthaft beeinträchtigt werden.

Um diese Risiken zu minimieren, ist eine sorgfältige Untersuchung des Einsatzes von KI zur Kontrolle und Manipulation von Daten erforderlich. Um die Meinungsfreiheit in einer KI-gesteuerten Welt zu schützen, bedarf es

Transparenz, Rechenschaftspflicht und der Verpflichtung, den Missbrauch von KI zur Zensur zu stoppen.

Ein weiterer wichtiger Bereich, in dem sich KI mit Menschenrechten überschneidet, ist der Bereich Gleichberechtigung und Diskriminierung. KI-Systeme sind darauf ausgelegt, aus großen Datensätzen zu lernen. Sind diese Datensätze jedoch verzerrt oder nicht repräsentativ, können die daraus resultierenden Algorithmen bestehende Ungleichheiten verewigen oder sogar verschärfen. Beispielsweise hat sich gezeigt, dass Gesichtserkennungstechnologie bei Frauen und Farbigen höhere Fehlerquoten aufweist, was zu Bedenken führt, dass KI eingesetzt werden könnte, um bestimmte Organisationen überproportional zu treffen.

Im Kontext von Personalbeschaffung und Beschäftigung werden KI-gestützte Rekrutierungstools zunehmend zur Auswahl von Stellenbewerbern eingesetzt. Wenn diese Tools jedoch auf verzerrten Daten basieren, die historische Ungleichheiten innerhalb der Arbeitnehmergruppe widerspiegeln, bevorzugen sie Unternehmen mit einer bestimmten demografischen Herkunft gegenüber anderen. Dies kann zu systematischer Diskriminierung von Frauen, ethnischen Minderheiten oder anderen marginalisierten Gruppen führen. Ebenso können prädiktive Polizeialgorithmen, die KI zur Vorhersage von Kriminalitätsschwerpunkten nutzen, zu stärkeren Verzerrungen im Strafjustizsystem führen, was insbesondere Menschen mit dunkler Hautfarbe und Menschen aus Regionen mit niedrigem Einkommen überproportional betrifft.

Die Rolle der KI bei der Aufrechterhaltung von Ungleichheit wirft grundlegende Fragen zur moralischen Pflicht von Entwicklern, Organisationen und Regierungen auf, sicherzustellen, dass KI-Strukturen so konzipiert und eingesetzt werden, dass sie Fairness und Inklusion fördern. Da KI zunehmend in Entscheidungsprozesse integriert wird, ist es wichtig, dass Anstrengungen unternommen werden, um Verzerrungen sowohl in den Datensätzen zur Ausbildung dieser Strukturen als auch in den Algorithmen, die sie unterstützen, zu beseitigen.

KI wirft zudem umfassende Fragen zur Persönlichkeitsautonomie und persönlichen Freiheit auf. Da KI-Strukturen zunehmend in der Lage sind, Entscheidungen im Namen der Menschen zu treffen – von wirtschaftlichen Transaktionen bis hin zu Entscheidungen im Gesundheitswesen –, besteht die Gefahr, dass diese Strukturen unangemessenen Einfluss auf private Entscheidungen ausüben. Beispielsweise können KI-gestützte Empfehlungsalgorithmen auf Streaming-Plattformen, E-Commerce-Websites und in sozialen Medien „Filterblasen" erzeugen, die den Zugang zu unterschiedlichen Ansichten einschränken und so die persönliche Freiheit durch die Gestaltung individueller Ideale und Entscheidungen einschränken.

Darüber hinaus könnte die zunehmende Abhängigkeit von KI bei wichtigen Entscheidungen im Gesundheitswesen, der Strafjustiz und im Sozialwesen die Autonomie des Einzelnen untergraben. Werden KI-Systeme eingesetzt, um die Berechtigung zu medizinischen Behandlungen oder Sozialleistungen zu bestimmen, besteht die Gefahr, dass Menschen ihre Rechte aufgrund algorithmischer Entscheidungen verweigert werden, die sie nicht vollständig verstehen oder steuern können.

In manchen Fällen könnte KI auch dazu genutzt werden, die Entscheidungen von Menschen durch überzeugendes Design, maßgeschneiderte Werbung und andere verhaltensorientierte Interventionen zu manipulieren. Dieser „Nudging"-Effekt kann die Fähigkeit von Menschen, freie und fundierte Entscheidungen zu treffen, beeinträchtigen, da KI-Strukturen große Mengen persönlicher Daten nutzen, um ihre Möglichkeiten und Handlungen subtil zu beeinflussen.

Um die Menschenrechte zu schützen, ist es unerlässlich, dass KI-Strukturen transparent, verantwortungsvoll und unter Berücksichtigung der Autonomie des Einzelnen konzipiert sind. Ethische Rahmenbedingungen müssen weiterentwickelt werden, um sicherzustellen, dass KI dazu dient, die Entscheidungsfreiheit der Menschen zu stärken, anstatt sie einzuschränken.

Als Reaktion auf die zunehmenden Auswirkungen von KI auf die Menschenrechte gab es konzertierte Bemühungen, moralische und rechtliche Rahmenbedingungen zu schaffen, die die Entwicklung und den Einsatz von KI-Technologie leiten könnten. Organisationen wie die Europäische Union und die Vereinten Nationen haben Richtlinien und Empfehlungen zum ethischen Umgang mit KI herausgegeben, wobei der Schutz grundlegender Rechte wie Privatsphäre, Gleichberechtigung und Meinungsfreiheit im Mittelpunkt steht.

Diese Rahmenbedingungen entwickeln sich jedoch weiter, und es gibt eine anhaltende Debatte über die besten Ansätze zur Anpassung der KI bei gleichzeitiger Förderung von Innovationen. Der rasante technologische Fortschritt erschwert es politischen Entscheidungsträgern, mit den moralischen Auswirkungen der KI Schritt zu halten, insbesondere in Bereichen wie Gesichtserkennung, prädiktiver Polizeiarbeit und autonomen Waffensystemen. Daher ist weltweite Zusammenarbeit erforderlich, um sicherzustellen, dass die KI so weiterentwickelt wird, dass die Menschenrechte gewahrt und das allgemeine Wohl gefördert wird.

Darüber hinaus müssen ethische Bedenken von Anfang an in die Konzeption und Entwicklung von KI-Systemen einbezogen werden und dürfen nicht erst im Nachhinein berücksichtigt werden. KI-Forscher, Ingenieure und politische Entscheidungsträger müssen zusammenarbeiten, um Technologien zu entwickeln, die Menschenrechten Priorität einräumen und die mit KI verbundenen potenziellen Schäden bewältigen.

Die Auswirkungen von KI auf die Menschenrechte sind ein komplexes und vielschichtiges Thema, das sorgfältige Betrachtung aus verschiedenen Perspektiven erfordert. Da KI unsere globale Entwicklung weiterhin prägt, ist es entscheidend sicherzustellen, dass ihre Entwicklung und ihr Einsatz grundlegende Menschenrechte wie Privatsphäre, Meinungsfreiheit, Gleichheit und Autonomie berücksichtigen. Durch die Förderung von Transparenz, Verantwortung und ethischen Designpraktiken können wir eine KI-getriebene Zukunft gestalten, die die Werte der Menschenwürde und Freiheit wahrt. Die Aufgabe besteht darin, das sensible Gleichgewicht zwischen Innovation und Rechtsschutz zu finden und sicherzustellen, dass KI dem Gemeinwohl dient, ohne die Grundwerte des menschlichen Lebens zu untergraben.

## 6.2. KI und soziale Ordnung und Menschenrechte

Die Schnittstelle zwischen Künstlicher Intelligenz (KI) und Menschenrechten im Kontext der sozialen Ordnung ist ein Thema, das große Aufmerksamkeit erregt, da KI-Strukturen zunehmend in die gesellschaftliche Infrastruktur eingebettet sind. Von der Strafverfolgung über das Gesundheitswesen bis hin zur Beschäftigung und darüber hinaus prägt KI die

Interaktion von Menschen und Gemeinschaften im Rahmen von Governance, Gleichheit und Gerechtigkeit. Doch obwohl KI Effizienzsteigerungen und Fortschritte verspricht, wirft sie auch ernsthafte Bedenken hinsichtlich ihrer Auswirkungen auf die Menschenrechte und die Struktur der sozialen Ordnung selbst auf.

Mit der Weiterentwicklung der KI-Technologie bietet ihre Integration in die Gesellschaft Herausforderungen und Chancen. Diese Technologien können die soziale Ordnung verbessern, indem sie die Sicherheit verbessern, die Regierungsführung rationalisieren und neue Instrumente zur Bewältigung globaler Herausforderungen bereitstellen. Allerdings kann KI auch grundlegende Menschenrechte untergraben, neue Formen der Ungleichheit schaffen und soziale Spaltungen verschärfen, wenn sie nicht sorgfältig reguliert und ethisch gesteuert wird.

Eine der größten aktuellen Bedenken in Bezug auf KI und soziale Ordnung ist ihre Rolle bei der Überwachung. KI-Technologien werden zunehmend zur Überwachung der Bevölkerung zu Zwecken der nationalen Sicherheit, der Strafverfolgung und der Kriminalprävention eingesetzt. Regierungen und Unternehmen weltweit setzen Überwachungsinstrumente ein, darunter Gesichtserkennungssoftware, Predictive-Policing-Systeme und datengesteuerte Tracking-Systeme. Während Befürworter argumentieren, diese Systeme seien nützlich zur Verbesserung der öffentlichen Sicherheit und Ordnung, argumentieren Kritiker, sie brächten erhebliche Bedrohungen für die Menschenrechte, insbesondere für Privatsphäre und Meinungsfreiheit, mit sich.

KI-gestützte Überwachungssysteme können massenhaft personenbezogene Daten sammeln, oft ohne die Zustimmung der überwachten Personen. Dies kann zu Verletzungen der Privatsphäre, zur Einschränkung der freien Meinungsäußerung oder sogar zur Kriminalisierung von Verhaltensweisen führen, die nicht explizit rechtswidrig sind. Beispielsweise wurden KI-gestützte Gesichtserkennungssysteme stark kritisiert, da sie Menschen in Echtzeit ohne deren Wissen oder Zustimmung identifizieren können. Dies weckt regelmäßig Bedenken hinsichtlich autoritärer Kontrolle und sozialer Manipulation.

Darüber hinaus basieren KI-Systeme, die für die prädiktive Polizeiarbeit eingesetzt werden – darunter Algorithmen zur Erkennung von Kriminalitätsschwerpunkten oder zur Vorhersage von Kriminellenverhalten – häufig auf historischen Statistiken, die bereits bestehende Vorurteile widerspiegeln. Diese Vorurteile können zu einer unverhältnismäßigen Fokussierung auf marginalisierte Gruppen führen und sozioökonomische Ungleichheiten innerhalb der Strafjustiz verfestigen. Die Rolle der KI in der Überwachung ist daher ein zweischneidiges Schwert: Sie kann zwar die Fähigkeit der Strafverfolgungsbehörden zur Aufrechterhaltung der

Ordnung stärken, aber auch die Freiheiten und Menschenrechte, insbesondere in Bezug auf Datenschutz und Antidiskriminierungsschutz, beeinträchtigen.

Über die Überwachung hinaus wird KI zunehmend im Bereich der Regierungsführung und der bürgerlichen Freiheiten eingesetzt. Regierungen setzen KI ein, um Verwaltungsstrategien zu rationalisieren, die Entscheidungsfindung zu automatisieren und öffentliche Dienstleistungen zu verbessern. KI-gestützte Strukturen werden in Bereichen wie Einwanderung, Sozialhilfe, Bildung und soziale Sicherheit eingesetzt, um Effizienz und Dienstleistungsverkehr zu optimieren. Es gibt jedoch zunehmend Bedenken hinsichtlich der Möglichkeit, dass KI-Strukturen bei der Verwendung in staatlichen Entscheidungsfindungstechniken die bürgerlichen Freiheiten verletzen können.

Der Einsatz von KI in der Regierungsführung kann Transparenz und Verantwortung bei Entscheidungen beeinträchtigen. KI-Systeme, insbesondere solche, die maschinelles Lernen und Big Data Analytics nutzen, können Entscheidungen treffen, die für Menschen schwer nachvollziehbar sind. Beispielsweise können KI-basierte Systeme zur Feststellung des Anspruchs auf Sozialleistungen Entscheidungen treffen, die für die Betroffenen undurchsichtig sind. Dieser Mangel an Transparenz kann dazu führen, dass sich Menschen machtlos fühlen, wenn sie Entscheidungen von Algorithmen treffen, die ihr Leben beeinflussen.

Darüber hinaus kann es vorkommen, dass KI beim Einsatz in der Regierungsführung die vielfältigen Bedürfnisse von Menschen mit unterschiedlichem Hintergrund nicht berücksichtigt, was zu systemischer Voreingenommenheit und Ungleichheit führt. Werden KI-Systeme mit verzerrten Datensätzen trainiert, können sie Diskriminierung in Bereichen wie Wohnen, Beschäftigung und Sozialleistungen aufrechterhalten. Dies ist besonders besorgniserregend in Gesellschaften, die bereits mit enormen Ungleichheiten beim Zugang zu Ressourcen und Chancen konfrontiert sind. Das Potenzial von KI, Voreingenommenheit und Ungleichheit aufrechtzuerhalten, wirft wichtige Fragen zu ihrer Rolle bei der Gestaltung einer fairen und gerechten Regierungsführung auf.

Die schnelle Entwicklung und Verbreitung von KI-Technologien bringt zudem Herausforderungen im Zusammenhang mit finanzieller Ungleichheit mit sich. KI-Systeme werden zunehmend eingesetzt, um die Produktion zu optimieren, Kosten zu senken und Gewinne in zahlreichen Branchen zu steigern. Diese Technologien können zwar die Produktivität steigern und neue finanzielle Möglichkeiten schaffen, bergen aber auch die Gefahr, bestehende wirtschaftliche Unterschiede zu verschärfen. KI-gestützte Automatisierung hat das Potenzial, zahlreiche Arbeitsplätze zu ersetzen, insbesondere in Branchen wie Fertigung,

Einzelhandel und Kundenservice. Dies führt zu Prozessverlagerungen und wirtschaftlichem Misstrauen bei gefährdeten Menschen.

In diesem Zusammenhang könnte KI tiefgreifende Auswirkungen auf die Menschenrechte haben, insbesondere auf das Recht auf Arbeit und das Recht auf einen angemessenen Lebensstandard. Die Verdrängung von Arbeitskräften durch KI-gesteuerte Automatisierung könnte für bestimmte Bevölkerungsgruppen zu Arbeitslosigkeit, stagnierenden Löhnen und zunehmender Armut führen. Dies gilt insbesondere für Arbeitnehmer in gering qualifizierten, manuellen Tätigkeiten, denen der Wechsel in neue Rollen ohne die erforderliche Ausbildung schwerfallen könnte. Im Gegenzug könnte der wachsende Reichtum, der durch KI-gesteuerte Branchen generiert wird, in den Händen einiger Unternehmen und Einzelpersonen konzentriert werden, was die wirtschaftliche Ungleichheit weiter verschärft.

Darüber hinaus unterstreicht das Potenzial der KI, einkommensschwache Gruppen überproportional zu treffen, die Notwendigkeit, dass politische Entscheidungsträger die sozialen und wirtschaftlichen Auswirkungen dieser Technologie proaktiv angehen. Dazu gehört die Entwicklung von Vorschriften, die die Rechte der Menschen stärken, eine gerechte Verteilung des Wohlstands gewährleisten und Schulungs- und Ausbildungsprogramme unterstützen, die die

Anpassung an die sich wandelnde Arbeitnehmerschaft erleichtern. Ohne solche Schutzmaßnahmen könnte die Integration der KI in das Finanzsystem die bestehenden sozialen Unterschiede verschärfen und die Bemühungen um finanzielle und soziale Gerechtigkeit untergraben.

Die Rolle von KI in Bezug auf soziale Mobilität und den Zugang zu Ressourcen ist ein weiterer wichtiger Bereich, in dem Menschenrechte und soziale Ordnung aufeinandertreffen. KI kann die soziale Mobilität verbessern, indem sie den Zugang zu Bildung, Gesundheitsversorgung und anderen Angeboten verbessert, insbesondere in abgelegenen oder unterversorgten Gebieten. Beispielsweise können KI-gestützte Bildungssysteme personalisierte Lernerfahrungen für Studierende bieten, und KI-gestützte Gesundheitssysteme können Diagnose- und Behandlungspläne verbessern. Diese Verbesserungen können den Zugang zu wichtigen Dienstleistungen demokratisieren und zur sozialen Gerechtigkeit beitragen.

Die digitale Kluft bleibt jedoch ein erhebliches Hindernis für die großen Vorteile der KI. Menschen in einkommensschwachen Gruppen oder ländlichen Gebieten haben möglicherweise keinen Zugang zu der Technologie und Infrastruktur, die sie benötigen, um von KI-gestützten Diensten zu profitieren. Da KI in verschiedenen Sektoren immer stärker integriert wird, könnten diejenigen ohne Zugang zum Internet, zu digitalen Geräten oder KI-gestützten

Systemen benachteiligt werden. Dies verschärft die bestehenden Ungleichheiten in Bildung, Gesundheitsversorgung und Beschäftigung.

Um sicherzustellen, dass KI die soziale Ordnung und die Menschenrechte fördert, ist es unerlässlich, die virtuelle Kluft zu überwinden und einen gleichberechtigten Zugang zu KI-gestützten Diensten zu gewährleisten. Dazu gehört auch, marginalisierten Gruppen Zugang zu den notwendigen Werkzeugen und Ressourcen zu gewähren, um an der virtuellen Wirtschaft und Gesellschaft teilzuhaben. Auf diese Weise kann KI zu einem wirksamen Instrument zur Förderung der Menschenrechte und der sozialen Gerechtigkeit werden, anstatt bestehende Machtstrukturen und Ungleichheiten zu verstärken.

Die Auswirkungen von KI auf die soziale Ordnung und die Menschenrechte sind vielfältig und erfordern eine sorgfältige Betrachtung, da sich diese Technologien ständig weiterentwickeln. KI kann zwar die Regierungsführung verbessern, die Sicherheit erhöhen und die soziale Mobilität fördern, wirft aber auch erhebliche Bedenken hinsichtlich Datenschutz, Diskriminierung, finanzieller Ungleichheit und des Zugangs zu Vermögenswerten auf. Da KI die Zukunft der Gesellschaft weiterhin prägt, ist es unerlässlich, moralische und rechtliche Rahmenbedingungen zu schaffen, die sicherstellen, dass diese Technologien so eingesetzt werden, dass die Menschenrechte für alle geschützt und gefördert werden.

Indem wir diese Herausforderungen proaktiv angehen, schaffen wir eine Zukunft, in der KI zu einer gerechten, gerechten und rechtskonformen Gesellschaft beiträgt.

### 6.3. Rechte und ethische Bedenken

Da Künstliche Intelligenz (KI) alle Aspekte des menschlichen Lebens durchdringt, werden die rechtlichen und ethischen Bedenken hinsichtlich ihres Einsatzes immer komplexer und dringlicher. Die Integration von KI in Bereiche wie Gesundheitswesen, Justiz, Bildung, Beschäftigung und sogar Kriegsführung birgt sowohl große Chancen als auch erhebliche Risiken. Diese Entwicklungen stellen bestehende moralische Rahmenbedingungen und Menschenrechtsstandards in Frage und werfen entscheidende Fragen zum Gleichgewicht zwischen technologischem Fortschritt und dem Schutz der Freiheiten und der Würde des Einzelnen auf.

KI hat das Potenzial, Menschenrechte zu stärken, indem sie den Zugang zu lebenswichtigen Dienstleistungen verbessert, Armut verringert und Gerechtigkeit in vielen Bereichen fördert. Gleichzeitig besteht jedoch die Gefahr, dass KI genau die Rechte untergräbt, deren Wahrung sie garantiert, und wichtige ethische Fragen aufwirft. Die Angst vor dem enormen sozialen Einfluss von KI und ihrer Fähigkeit, Menschenrechte zu verletzen, ist zentraler Bestandteil der anhaltenden Debatten darüber, wie die Gesellschaft KI-Technologien anpassen und regulieren sollte.

Eine der am häufigsten und unmittelbarsten erwähnten moralischen Bedenken im Zusammenhang mit KI ist die Frage des Datenschutzes. KI-Systeme, insbesondere solche, die in den Bereichen Überwachung, Datenanalyse und soziale Medien eingesetzt werden, können große Mengen personenbezogener Daten sammeln und analysieren. Diese Daten können von scheinbar harmlosen Statistiken wie Online-Kaufgewohnheiten oder dem Browserverlauf bis hin zu sensibleren Informationen wie medizinischen Daten, privater Kommunikation oder sogar Gesichtserkennungsdaten reichen.

Die massive Erfassung personenbezogener Daten durch KI-Systeme erhöht die Datenschutzrisiken erheblich. Solche Systeme können zwar zur Personalisierung von Angeboten und zur Steigerung der Effizienz genutzt werden, öffnen aber auch Tür und Tor für Massenüberwachung und Manipulation. Beispielsweise kann KI-gestützte Gesichtserkennungstechnologie Personen im öffentlichen Raum ohne deren Zustimmung erfassen und so potenziell ihre Datenschutzrechte verletzen. Darüber hinaus kann der Einsatz von KI in der prädiktiven Polizeiarbeit oder im Bereich der nationalen Sicherheit dazu führen, dass Personen anhand personenbezogener Daten profiliert und gezielt angegriffen werden, was potenziell ihre bürgerlichen Freiheiten verletzt.

Diese Probleme unterstreichen die Notwendigkeit solider ethischer Richtlinien und rechtlicher Rahmenbedingungen zum

Schutz der Privatsphäre in einer KI-getriebenen Welt. KI kann zwar das Leben auf vielfältige Weise verbessern, doch ihre Fähigkeit, persönliche Daten zu sammeln und zu analysieren, erfordert, dass die Menschenrechte bei Diskussionen über die Entwicklung und den Einsatz von KI-Technologien im Mittelpunkt stehen.

Ein weiteres erhebliches moralisches Problem im Zusammenhang mit KI ist die Gefahr algorithmischer Voreingenommenheit und Diskriminierung. KI-Systeme sind zwar auf die Analyse von Statistiken ausgelegt, doch die besten Daten, mit denen diese Systeme trainiert wurden, sind entscheidend für ihre Leistungsfähigkeit. Werden KI-Algorithmen mit verzerrten oder unvollständigen Datensätzen trainiert, können sie bestehende Ungleichheiten aufrechterhalten oder sogar verschärfen.

Beispielsweise können KI-Systeme, die im Einstellungsverfahren, in der Strafverfolgung oder bei Kreditgenehmigungsverfahren eingesetzt werden, bestehende Vorurteile aufgrund von Rasse, Geschlecht, sozioökonomischem Status oder Behinderung verstärken. Studien haben gezeigt, dass KI-gesteuerte Einstellungsplattformen möglicherweise männliche Kandidaten gegenüber weiblichen oder weiße Kandidaten gegenüber Minderheiten bevorzugen, wenn die zugrunde liegenden Daten solche Vorurteile widerspiegeln. Ebenso können Predictive-Policing-Algorithmen bestimmte ethnische Gruppen überproportional ins Visier nehmen, was zu unfairer Behandlung und einer Vertiefung sozialer Gräben führt.

Das ethische Problem besteht darin, dass KI-Systeme, obwohl sie nicht sorgfältig überwacht und auf ihre Gerechtigkeit geprüft werden, unbeabsichtigt gegen die Grundsätze der Gleichheit und Nichtdiskriminierung verstoßen können. Da KI zunehmend in wichtige Entscheidungsprozesse integriert wird, ist es wichtig sicherzustellen, dass die zur Schulung dieser Systeme verwendeten Daten vielfältig, inklusiv und repräsentativ für alle Gruppen sind. Darüber hinaus sind kontinuierliche Audits und Rechenschaftsmechanismen entscheidend, um Verzerrungen zu identifizieren und zu beheben, die die Entwicklung von KI-Systemen beeinträchtigen können.

KI-Systeme, insbesondere solche, die auf System-Learning- und Deep-Learning-Algorithmen basieren, können Entscheidungen autonom treffen, oft ohne menschliches Eingreifen oder Aufsicht. Dies kann zwar zu Effizienzsteigerungen und Geschwindigkeit führen, wirft aber auch erhebliche ethische Fragen hinsichtlich Verantwortlichkeit und Kontrolle auf.

Wenn ein KI-System eine Entscheidung trifft, die einer Person oder einer Gruppe schadet, kann es schwierig sein, die Verantwortung zu ermitteln. Ist es der Entwickler, der den Algorithmus erstellt hat? Das Unternehmen, das die KI-

Maschine eingesetzt hat? Oder die KI selbst, die auf der Grundlage von aus Daten gewonnenen Mustern handelt? Die Frage nach der Verantwortung wird in Szenarien mit hohem Risiko noch dringlicher, wie z. B. autonomen Fahrzeugen, klinischen KI- Strukturen oder Marinedrohnen, in denen die Folgen eines Versagens gravierend sein können.

Dieses Problem der Kontrolle und Verantwortung ist eng mit den Menschenrechten verknüpft. Menschen müssen darauf vertrauen können, dass die Systeme, die ihr Leben bestimmen, transparent, nachvollziehbar und auf den Schutz ihres Wohlergehens ausgelegt sind. Ethische Rahmenbedingungen für KI müssen diesen Bedenken Rechnung tragen, indem sie klare Regeln für Haftung und Aufsicht festlegen. Darüber hinaus müssen Mechanismen geschaffen werden, die sicherstellen, dass KI-Systeme der menschlichen Kontrolle unterliegen, insbesondere wenn sie in Umgebungen mit hohem Risiko oder in Bereichen eingesetzt werden, in denen Grundrechte betroffen sind.

Die wachsende Rolle der KI im Finanzsystem wirft kritische Fragen zur Zukunft der Arbeit, zu finanziellen Rechten und zur Möglichkeit einer enormen Verlagerung von Tätigkeiten auf. KI hat das Potenzial, eine Vielzahl von Aufgaben zu automatisieren, von manueller Arbeit über kognitive Funktionen bis hin zu Kundensupport, Rechtsanalysen und sogar innovativen Arbeiten. Dies kann zwar zu höherer Produktivität und Effizienz führen, stellt aber auch ein Risiko für Menschen in vielen Branchen dar.

Das ethische Problem besteht darin, dass KI zu massiver Arbeitslosigkeit und wirtschaftlicher Ungleichheit führen dürfte, insbesondere für Menschen in gering qualifizierten Berufen oder in automatisierungsanfälligen Branchen. Sollte KI menschliche Arbeitskräfte ersetzen können, könnten viele arbeitslos werden, ohne über die notwendigen Fähigkeiten für die durch KI-Technologie geschaffenen neuen Arbeitsplätze zu verfügen. Dies könnte bestehende soziale und wirtschaftliche Ungleichheiten verschärfen und das Recht auf Arbeit und einen angemessenen Lebensstandard untergraben.

Um diese Probleme zu bewältigen, muss der Schwerpunkt auf der Schaffung eines gerechten Übergangs für durch KI verdrängte Arbeitnehmer liegen. Dazu gehören Investitionen in Bildungs- und Umschulungsprogramme, der Ausbau sozialer Sicherungssysteme und die Gewährleistung einer gerechteren Verteilung der Vorteile KI-gestützter Produktivitätsgewinne in der Gesellschaft. Werden diese Probleme nicht angegangen, könnte dies zu einer KI-gestützten Wirtschaft führen, die eine kleine Elite überproportional begünstigt und große Teile der Bevölkerung benachteiligt.

Mit der fortschreitenden Anpassung der KI-Technologie stellt sich die Frage, wer über die Entwicklung und Nutzung von KI bestimmen darf. Die moralische Frage betrifft das

Mitspracherecht von Einzelpersonen und Gruppen bei der Gestaltung der Zukunft der KI. Da KI voraussichtlich tiefgreifende Auswirkungen auf nahezu jeden Aspekt der Gesellschaft haben wird, ist es wichtig, dass im Entscheidungsprozess verschiedene Perspektiven berücksichtigt werden.

Dazu gehört, sicherzustellen, dass marginalisierte Gruppen, deren Interessen oft ignoriert werden, Mitspracherecht bei der Nutzung und Kontrolle von KI haben. Darüber hinaus geht es darum, Transparenz und Offenheit in der KI-Entwicklung zu fördern, damit die Öffentlichkeit nachvollziehen kann, wie KI-Systeme entwickelt, getestet und eingesetzt werden. Indem wir eine partizipative und inklusiv gestaltete KI-Entwicklung sicherstellen, tragen wir dazu bei, dass KI-Technologie der breiten Öffentlichkeit dient und nicht den Interessen einiger weniger.

Die ethischen Bedenken im Zusammenhang mit KI und ihren Auswirkungen auf die Menschenrechte sind groß und komplex. Von Privatsphäre und Überwachung bis hin zu algorithmischer Verzerrung, Autonomie und finanzieller Verdrängung bietet KI sowohl bemerkenswerte Möglichkeiten als auch extreme Gefahren. Da sich KI ständig weiterentwickelt, ist es unerlässlich, dass politische Entscheidungsträger, Entwickler und die Gesellschaft als Ganzes sorgfältig darüber diskutieren, wie sichergestellt werden kann, dass KI so eingesetzt wird, dass Menschenrechte und ethische Standards gewahrt bleiben.

Dies erfordert nicht nur die Entwicklung solider rechtlicher und regulatorischer Rahmenbedingungen, sondern auch die Verpflichtung zu kontinuierlichem Dialog und ethischer Reflexion. Nur durch einen sorgfältigen und integrativen Ansatz können wir sicherstellen, dass KI einen positiven Beitrag zur Gesellschaft leistet und die Rechte und die Würde des Einzelnen respektiert.

# KAPITEL 7

## KI und kreative Menschen

## 7.1. Kreatives Denken und KI

Die Verbindung zwischen innovativem Denken und künstlicher Intelligenz (KI) bietet eine der spannendsten und komplexesten Diskussionen im Bereich Ethik, Innovation und die Zukunft des menschlichen Intellekts. Traditionell gilt Kreativität als eine der einzigartigen menschlichen Fähigkeiten, als Ausdruck von Anerkennung, Selbstdarstellung und emotionaler Intensität. Die zunehmenden Fähigkeiten der KI stellen diese traditionelle Sichtweise jedoch in Frage und führen zu einer Neubewertung der tatsächlichen Bedeutung von Kreativität in einer Generation intelligenter Maschinen.

Kreativität manifestiert sich im Kern oft als die Fähigkeit, authentische Ideen, Lösungen oder kreative Ausdrucksformen zu entwickeln, die neuartig und wertvoll sind. Für den Menschen ist Kreativität nicht einfach eine Folge von Intelligenz oder Können, sondern ein zutiefst intuitiver und emotionaler Prozess, der mit kulturellen, sozialen und persönlichen Einflüssen verknüpft ist. Sie schöpft aus einer Vielzahl von Erfahrungen, Emotionen und sogar unbewussten Gedanken und prägt die Art und Weise, wie Menschen mit Herausforderungen und Möglichkeiten umgehen.

Kreatives Denken beschränkt sich nicht immer nur auf die Künste, sondern umfasst auch technologisches Know-how, Problemlösungskompetenz und modernste Technologie. Es erfordert divergierendes Fragen, die Fähigkeit, Zusammenhänge zwischen vermeintlich unzusammenhängenden Ideen zu erkennen und traditionelle Grenzen zu überwinden. Menschliche Kreativität ist untrennbar mit unseren emotionalen und mentalen Zuständen, unseren Erfahrungen und unserer Vorliebe für das Unbekannte verbunden.

Künstliche Intelligenz hingegen funktioniert grundlegend anders als menschliche Kognition. KI-Systeme, insbesondere solche, die auf maschinellem Lernen basieren, sind darauf ausgelegt, große Datenmengen zu analysieren, Trends zu erkennen und auf dieser Grundlage Vorhersagen zu treffen. Diese Fähigkeit ermöglicht es der KI zwar, bestimmte Aspekte der menschlichen Intelligenz nachzuahmen, verfügt aber nicht über die intrinsischen emotionalen oder erfahrungsbasierten Elemente, die die menschliche Kreativität beflügeln.

Die Rolle der KI in der Kreativität ist jedoch klar. Durch die Verarbeitung und Analyse umfangreicher Datensätze, die weit über die Fähigkeiten des menschlichen Verstandes hinausgehen, kann KI innovative Ideen, Lösungen und kreative Ausdrucksformen hervorbringen, die menschlichen Denkern möglicherweise nicht sofort ersichtlich sind. KI wird bereits in der Musik, Literatur, bildenden Kunst und sogar in der Architektur eingesetzt. Werkzeuge wie generative antagonistische Netzwerke (GANs) ermöglichen die Entwicklung realistischer Fotos, Filme und künstlerischer

Werke, die wie von Menschenhand geschaffen wirken, aber tatsächlich von Maschinen produziert werden. Diese Algorithmen können bestehende Inhalte remixen, Versionen erstellen und sogar völlig neue Werke basierend auf bestehenden Stilen, Genres und Stilen generieren.

Ein herausragendes Beispiel ist der Einsatz von KI in der Musikkomposition. KI-Systeme wie MuseNet und Jukedeck von OpenAI können Lieder verschiedener Genres komponieren, indem sie bestehende Musikwerke lesen und mithilfe von Lerntechniken neue Kompositionen entwickeln, die die Strukturen und Stile von Klassik, Jazz, elektronischer Musik und sogar innovativem Pop nachahmen. In ähnlicher Weise wurden in der bildenden Kunst KI-generierte Gemälde und Zeichnungen zu hohen Preisen versteigert, was das industrielle Potenzial von KI im kreativen Schaffen unter Beweis stellte.

Anstatt KI als Ersatz für menschliche Kreativität zu betrachten, kann es produktiver sein, sie als Werkzeug zu betrachten, das menschliche Kreativität verschönern und mit ihr zusammenarbeiten kann. KI kann den kreativen Prozess unterstützen, indem sie neue Ideen vermittelt, sich wiederholende Aufgaben automatisiert und schnelleres Prototyping und Experimentieren ermöglicht. Beispielsweise können Grafikdesigner und Illustratoren KI nutzen, um grobe Skizzen oder Konzepte zu erstellen, die sie anschließend verfeinern und anpassen können. Autoren können KI mit der Entwicklung von Handlungsideen oder der Unterstützung bei Sprachmustern beauftragen, wodurch der Schreibprozess beschleunigt und eine neue Perspektive eröffnet wird.

In diesem kollaborativen Modell fungiert KI als kreativer Partner und nicht als Rivale. Die Integration von KI in den Innovationsprozess stellt traditionelle Vorstellungen von Urheberschaft und Originalität in Frage. Wenn ein System bei der Schaffung eines Kunstwerks hilft, wem gehören dann die hochkarätigen Besitztümer? Leitet der Mensch die KI oder führt das Gerät die Aufgabe aus? Diese Fragen berühren komplexe ethische und rechtliche Aspekte und werfen grundlegende Fragen zum Wesen der Kreativität selbst auf.

KI hat das Potenzial, Kreativität zu demokratisieren, indem sie Menschen mit unterschiedlichem Talent oder Bildungsniveau die Möglichkeit gibt, sich künstlerisch zu betätigen. Dank benutzerfreundlicher Geräte und Plattformen kann jeder auch ohne konventionelle künstlerische Ausbildung visuelle Kunstwerke, Musikstücke oder Texte schaffen. Dies öffnet kreative Felder für ein breiteres Spektrum von Menschen und fördert ein umfassenderes Verständnis von Kreativität.

Mit der Weiterentwicklung der KI verschärfen sich die ethischen Fragen rund um ihre Rolle in kreativen Prozessen. Eines der Hauptprobleme ist die Fähigkeit der KI, Werke zu schaffen, die von menschengemachten Inhalten nicht zu unterscheiden sind. Dies könnte zwar die Geisteswissenschaften revolutionieren, wirft aber auch Fragen zur Authentizität KI-generierter Werke auf. Wenn ein Gerät Kunstwerke, Lieder oder Literatur schaffen kann, die mit der Arbeit menschlicher Künstler konkurrieren, was bedeutet das für den Preis menschlicher Kreativität?

Ein weiteres großes ethisches Problem ist das Potenzial von KI, Vorurteile in den Daten, mit denen sie trainiert wird, zu verewigen. Wird KI zur Erstellung kreativer Werke eingesetzt, die auf verzerrten oder unvollständigen historischen Daten basieren, besteht die Gefahr, dass KI-generierte Inhalte Stereotypen verstärken oder unterschiedliche Stimmen und Perspektiven nicht repräsentieren. Dies schränkt den Spielraum für Kreativität ein und trägt zu einer Homogenisierung der kreativen Leistung bei.

Darüber hinaus wirft der zunehmende Einsatz von KI-generierten Inhalten Fragen zu geistigen Eigentumsrechten auf. Da Maschinen zunehmend innovative Werke produzieren, wird es immer komplexer, die Rechteinhaberschaft an diesen Werken zu bestimmen. Ist der Autor des KI-Geräts als Eigentümer anzusehen oder ist es die Person, die die KI zur Erstellung der Werke nutzt? Diese strafrechtlichen und ethischen Bedenken werden höchstwahrscheinlich die Zukunft der KI in der Kreativbranche prägen.

Die Rolle der KI in der Kreativität wird sich künftig voraussichtlich weiter verändern. KI wird die menschliche Kreativität nicht mehr ersetzen, aber sie wird unsere Denkweise und Interaktion mit dem kreativen Prozess erweitern und verändern. Künstler, Musiker, Schriftsteller und andere Kreative werden voraussichtlich weiterhin mit KI zusammenarbeiten und ihre Rechenleistung nutzen, um die Grenzen ihrer Arbeit zu erweitern.

Mit der zunehmenden Einbindung von KI in kreative Bereiche bedarf es jedoch einer stärkeren Reflexion über die moralischen, philosophischen und rechtlichen Auswirkungen dieser Partnerschaft. Fragen rund um Urheberschaft, Eigentum und Authentizität von KI-generierten Inhalten erfordern kontinuierliche Diskussion und Rückhalt. Die Beziehung zwischen menschlicher Kreativität und KI ist kein Wettbewerb, sondern eine Kooperation. Um sicherzustellen, dass diese Zusammenarbeit ethisch vertretbar und künstlerisch bereichernd bleibt, bedarf es sorgfältiger Steuerung.

Letztendlich stellt die Schnittstelle zwischen innovativem Denken und KI einen tiefgreifenden Wandel in der Art und Weise dar, wie wir Kunst, Innovation und menschliches Potenzial wahrnehmen und damit umgehen. Auch wenn KI die nuancierte, emotionale Tiefe menschlicher Kreativität möglicherweise nicht vollständig widerspiegelt, bietet ihre Fähigkeit, den menschlichen kreativen Ausdruck zu ergänzen und zu verschönern, spannende neue Möglichkeiten für die

Zukunft der Kreativität. Ob durch kollaborative Partnerschaften oder als Werkzeug zur Charakterentwicklung – KI wird die Grenzen dessen, was wir erschaffen und uns vorstellen können, neu definieren. Der Schlüssel liegt darin, sicherzustellen, dass diese Veränderung die moralischen, kulturellen und emotionalen Dimensionen der Kreativität respektiert und dazu beiträgt, den einzigartigen menschlichen Geist, der allen kreativen Unternehmungen zugrunde liegt, zu stärken, anstatt ihn zu schwächen.

## 7.2. Maschinelle Kreativität und ethische Werte

Das Konzept der Gadget-Kreativität steht im Mittelpunkt der Diskussionen um künstliche Intelligenz (KI) und ihre Auswirkungen auf Kunst, Technologie und Gesellschaft. Da KI-Systeme immer ausgefeilter werden, könnten sie in der Lage sein, als innovativ einzustufende Werke zu schaffen, die Kunstwerke, Lieder, Gedichte und sogar Strukturen umfassen. Da Maschinen jedoch die Fähigkeit zum Schaffen zeigen, projizieren sie unsere traditionellen Vorstellungen von Kreativität, Originalität und künstlerischem Ausdruck. Dieser Wandel wirft kritische Fragen zur Schnittstelle von Systemkreativität und ethischen Werten auf.

Maschinelle Kreativität bezeichnet das Potenzial von KI-Systemen, Ergebnisse zu generieren, die häufig mit menschlicher Kreativität vergleichbar sind. Diese Systeme, die häufig auf Algorithmen wie Deep Learning und Generativen Gegensätzlichen Netzwerken (GANs) basieren, analysieren große Datensätze, um Stile und Systeme zu erkennen und diese dann zur Bereitstellung neuer und kontinuierlich innovativer Inhalte zu nutzen. Der Spielraum für maschinelle Kreativität ist enorm: KI kann Musik komponieren, Geschichten schreiben, malen, Produkte gestalten oder sogar neue wissenschaftliche Hypothesen entwickeln. Oftmals sind die von diesen Maschinen geschaffenen Werke nicht von denen menschlicher Künstler zu unterscheiden, wodurch die Grenzen zwischen dem, was wir traditionell als menschengemacht und maschinengeneriert betrachten, verschwimmen.

Trotz dieser Fähigkeiten mangelt es der maschinellen Kreativität an den intrinsischen menschlichen Eigenschaften, die dem kreativen System zugrunde liegen. KI verfügt nicht mehr über Gefühle, Anerkennung oder die gelebten Erfahrungen, die den menschlichen künstlerischen Ausdruck beflügeln. Stattdessen stützt sie sich auf mathematische Modelle, faktenbasierte Verfahren und vordefinierte Regeln, um innovative Werke zu schaffen. Daher stellt sich die Frage: Können systemgenerierte Werke einfach als kreativ gelten oder sind sie tatsächlich das Ergebnis komplexer Algorithmen, die Statistiken so manipulieren, dass sie Kreativität nachahmen?

KI-Systeme können zwar neue Kombinationen bestehender Stile generieren, verfügen aber nicht über die emotionalen oder subjektiven Erfahrungen, die menschliche

Kreativität ausmachen. Daher argumentieren manche, dass maschinelle Kreativität keine „echte" Kreativität, sondern vielmehr eine Simulation von Kreativität sei. Die ethischen Implikationen dieser Unterscheidung sind weitreichend, da sie unser Verständnis von einzigartiger Idee und künstlerischem Wert in Frage stellen.

Das Aufkommen maschineller Kreativität wirft zahlreiche ethische Fragen auf, insbesondere im Hinblick auf Urheberschaft, Originalität und die Auswirkungen auf menschliche Künstler und kulturellen Ausdruck. Eines der zentralen moralischen Probleme ist die Frage der Urheberschaft: Wem gehört ein durch KI geschaffenes Werk? Wenn ein System ein Kunstwerk oder Musikstück generiert, ist der Schöpfer dann der Programmierer, der die KI entwickelt hat, derjenige, der das Gerät gesteuert hat, oder die Maschine selbst?

Dieses Dilemma wird dadurch verkompliziert, dass KI nicht mehr die gleichen Rechte und den gleichen Ruf genießt wie menschliche Schöpfer. Wenn beispielsweise ein von einer KI erstelltes Gemälde versteigert wird, wer sollte dann den Erlös erhalten? Der Entwickler der KI? Der Eigentümer des Systems? Oder verdient die KI selbst Anerkennung? Mit zunehmender Unabhängigkeit von KI-Systemen werden diese Fragen immer komplexer und erfordern möglicherweise rechtliche Rahmenbedingungen, die Eigentums- und geistige Eigentumsrechte regeln.

Eine weitere ethische Herausforderung betrifft die Fähigkeit der KI, Vorurteile in den Daten, mit denen sie trainiert wird, aufrechtzuerhalten. KI-Algorithmen sind nur so wahrheitsgetreu wie die Daten, mit denen sie gefüttert werden. Sind diese Daten verzerrt oder unvollständig, können die vom Gerät generierten Ergebnisse diese Vorurteile auch reproduzieren. Beispielsweise kann eine KI, die auf einem Datensatz überwiegend männlicher Künstler basiert, Werke produzieren, die geschlechtsspezifische Vorurteile widerspiegeln und möglicherweise Stereotype verstärken oder die Vielfalt des künstlerischen Ausdrucks einschränken.

Darüber hinaus besteht die Gefahr, dass die Kreativität von Geräten die menschliche Kreativität verwässert oder ersetzt, insbesondere in Branchen, in denen Originalität und Kunstfertigkeit einen hohen Stellenwert haben. Da KI-generierte Werke immer häufiger verwendet werden, besteht die Sorge, dass menschliche Künstler einen Konkurrenzkampf führen könnten, insbesondere wenn KI eingesetzt wird, um große Mengen an Kunstwerken schnell und kostengünstig zu produzieren. Dies könnte zu wirtschaftlichen und kulturellen Veränderungen in der Kunstwelt führen, bei denen menschliche Schöpfer durch Maschinen verdrängt werden könnten, die ihre Werke in gewisser Weise widerspiegeln oder sogar übertreffen können.

Da Maschinen immer innovativere Aufgaben übernehmen, ist es unerlässlich, sicherzustellen, dass moralische Werte in die Gestaltung und Nutzung von KI-Systemen integriert werden. Einer der wichtigsten Werte in diesem Zusammenhang ist der Schutz der Menschenwürde und die Anerkennung des intrinsischen Werts menschlicher Kreativität. KI kann zwar den Innovationsprozess fördern und unterstützen, doch ist es wichtig, sich daran zu erinnern, dass menschliche Kreativität nicht nur darin besteht, ästhetisch ansprechende Ergebnisse zu erzielen oder Probleme zu lösen. Es geht darum, Ideen, Gefühle und Geschichten auszudrücken, die unsere gemeinsame Menschlichkeit widerspiegeln.

Die Berücksichtigung ethischer Werte in der KI-Entwicklung ist entscheidend, um sicherzustellen, dass KI-getriebene Kreativität die menschliche Kultur stärkt und nicht untergräbt. Dazu gehört die Priorisierung von Transparenz, Fairness und Verantwortlichkeit bei der Gestaltung von KI-Systemen. Entwickler müssen sicherstellen, dass die der KI-Kreativität zugrunde liegenden Algorithmen frei von Vorurteilen sind und vielfältige und inklusive Ergebnisse generieren können. Darüber hinaus sollten KI-Systeme im Bewusstsein ihrer potenziellen sozialen und kulturellen Auswirkungen entwickelt werden, und ihr Einsatz sollte sich an Konzepten orientieren, die einen ethischen und verantwortungsvollen Umgang mit der Technologie fördern.

Darüber hinaus sollten ethische Werte im Zusammenhang mit der Authentizität und Originalität innovativer Werke berücksichtigt werden. KI kann zwar Werke hervorbringen, die den Stil bekannter Künstler imitieren oder neue Genres erfinden, doch ist es wichtig, die Rolle des menschlichen Beitrags im kreativen System zu berücksichtigen. KI darf nicht als Ersatz für menschliche Kreativität gesehen werden, sondern als Werkzeug, das diese ergänzt und ergänzt. Künstler können KI beispielsweise auch nutzen, um mit neuen Formen oder Ideen zu experimentieren, doch das Endwerk muss weiterhin die menschliche Erfahrung, Logik und emotionale Verbindung widerspiegeln, die für wahre Kreativität unerlässlich sind.

Da sich KI weiterentwickelt, wird die Zukunft der Systemkreativität wahrscheinlich durch kontinuierliche Fortschritte in der KI-Technologie sowie durch die ethischen Rahmenbedingungen, die wir für ihre Nutzung schaffen, geprägt sein. Eine mögliche zukünftige Verbesserung ist die verstärkte Integration von KI in kollaborative Innovationstaktiken. Anstatt menschliche Künstler zu ersetzen, sollte KI zu einem wertvollen kreativen Partner werden, der Künstlern hilft, neue Ideen zu erforschen, ihren kreativen Horizont zu erweitern und die Grenzen traditioneller Medien zu erweitern.

In der Musikbranche könnte KI beispielsweise Komponisten helfen, neuartige Klänge oder Harmonien zu entwickeln, die dann von menschlichen Musikern weiterentwickelt und verfeinert werden könnten. In der bildenden Kunst könnte KI neue Experimentiermöglichkeiten bieten und Künstlern ermöglichen, Werke zu schaffen, die bisher unmöglich waren. Solche Kooperationen zwischen Mensch und Maschine könnten zu interessanten Innovationen in Kunst und Kultur führen.

Da KI zunehmend in der Lage ist, Werke zu schaffen, die sich von denen menschlicher Schöpfung nicht unterscheiden, müssen wir gleichzeitig die Rolle menschlicher Kreativität im künstlerischen Ausdruck neu überdenken. Wird sich der Wert von Kunstwerken von der Identität des Künstlers und seiner emotionalen Bindung an das Werk hin zum Werk selbst verlagern, unabhängig von dessen Ursprung? Und wenn ja, wie bestimmen wir den Wert eines Kunstwerks in einer Welt, in der Maschinen in beispiellosem Ausmaß wachsen können?

Die ethischen Herausforderungen der Gadget-Kreativität lassen sich nicht leicht lösen. Da sich KI-Strukturen weiterentwickeln und zu Kreativbranchen verschmelzen, ist es für die Gesellschaft unerlässlich, sich kontinuierlich mit der Rolle von Maschinen im kreativen Prozess, dem Eigentum und Wert KI-generierter Werke sowie den Auswirkungen von KI auf die menschliche Lebensweise auseinanderzusetzen. Indem wir sicherstellen, dass ethische Prinzipien gewahrt und KI verantwortungsvoll eingesetzt wird, können wir sicherstellen, dass Systemkreativität die Grenzen des menschlichen kreativen Ausdrucks erweitert, anstatt ihre Bedeutung zu verringern.

Letztendlich stellt die Schnittstelle zwischen Gerätekreativität und moralischen Werten eine komplexe und sich weiterentwickelnde Aufgabe dar. Da KI-Systeme die kreative Fähigkeit fördern, erweitern sie die Grenzen dessen, was wir als Kreativität verstehen, und stellen die traditionellen Unterschiede zwischen menschlicher und gerätegenerierter Kunst in Frage. Indem wir ethische Prinzipien in die Entwicklung und Anwendung von KI einbetten, können wir die Entwicklung der Systemkreativität so steuern, dass die Menschenwürde gewahrt, Inklusivität gefördert und eine reiche und vielfältige Kulturlandschaft geschaffen wird. Die Zukunft der Kreativität, sowohl der menschlichen als auch der Geräte, könnte durch die Werte, die wir vertreten, und die Entscheidungen, die wir im Zeitalter der KI treffen, geprägt werden.

### *7.3. KI und menschliche Intelligenz*

Die Auseinandersetzung zwischen künstlicher Intelligenz (KI) und menschlicher Intelligenz ist eines der tiefgreifendsten und umstrittensten Themen in Technologie, Philosophie und Ethik. Da KI-Systeme sich weiterhin anpassen und außergewöhnliche Leistungen in Bereichen erbringen, die traditionell als spezifisch für menschliche Kognition gelten – wie Lernen, Entscheidungsfindung und Innovation –, stellen sich Fragen zum Wesen der Intelligenz selbst. Kann KI eine der menschlichen Intelligenz gleichwertige Intelligenz besitzen? Was bedeutet es, etwas „sinnvoll" zu nennen, und wie lässt sich menschliche Intelligenz mit den Fähigkeiten von Maschinen vergleichen?

Die menschliche Intelligenz ist komplex, vielschichtig und wird durch eine Kombination aus genetischen Faktoren, Umwelteinflüssen und persönlichen Erfahrungen geprägt. Traditionell wird sie anhand kognitiver Fähigkeiten wie logischem Denken, Problemlösung, abstraktem Denken, Erinnerungsvermögen und Lernfähigkeit gemessen. Diese Fähigkeiten beschränken sich jedoch nicht nur auf bewusstes Denken oder gutes Urteilsvermögen. Sie umfasst auch emotionale Intelligenz – die Fähigkeit, die eigenen Gefühle zu erfassen und zu kontrollieren und die Gefühle anderer zu verstehen – sowie soziale Intelligenz, die Beziehungen, Empathie und Kommunikation umfasst.

Im Gegensatz zur KI ist die menschliche Intelligenz eng mit Konzentration und subjektiver Erfahrung verknüpft. Menschen sind nicht nur Problemlöser; sie verfügen über Bewusstsein, Selbstreflexion und Gefühle, die ihre Entscheidungsfindung steuern. Kognitive Neurowissenschaftler und Philosophen diskutieren seit langem über die Natur der Aufmerksamkeit und darüber, ob Maschinen sie jemals in vergleichbarer Weise wie Menschen genießen könnten. Im Mittelpunkt dieser Debatten steht die Frage: Kann KI wirklich intelligent sein, wenn ihr subjektive Erfahrung oder Aufmerksamkeit fehlen?

Künstliche Intelligenz hingegen beschreibt Maschinen, die für Aufgaben konzipiert sind, die normalerweise menschliche Intelligenz erfordern. KI-Systeme lassen sich in „schlanke KI" (auch anfällige KI genannt) und „allgemeine KI" (auch robuste KI genannt) unterteilen. „Schmale KI" bezeichnet Systeme, die für spezifische Aufgaben wie Gesichtserkennung, Sprachübersetzung oder autonomes Fahren konzipiert sind. Diese Systeme zeichnen sich durch die Ausführung der Aufgaben aus, für die sie programmiert wurden, sind aber nicht in der Lage, ihre Intelligenz auf andere Kontexte oder Aufgaben zu übertragen. „Allgemeine KI", die an dieser Stelle weitgehend theoretisch bleibt, bezeichnet KI, die jede intellektuelle Aufgabe erfüllen kann, die ein Mensch bewältigen kann, und dabei Denkvermögen, Kreativität und Lernfähigkeit auf eine Weise zeigt, die den menschlichen Fähigkeiten entspricht.

Ziel der KI-Forschung ist es, Maschinen zu entwickeln, die wie Menschen denken, analysieren und sich anpassen können. Moderne KI-Technologien können jedoch das gesamte Spektrum menschlicher Intelligenz nicht vollständig abbilden. Trotz ihrer Fähigkeit, große Mengen statistischer Daten zu verarbeiten und Probleme in spezialisierten Bereichen zu lösen, fehlt es KI-Systemen an dem umfassenden Wissen, der Intuition und der emotionalen Intelligenz, die Menschen in vielen Lebensbereichen mitbringen.

Zwar hat die KI bei der Nachahmung bestimmter Aspekte der menschlichen Intelligenz hervorragende Fortschritte erzielt, doch gibt es zwischen beiden einige wesentliche Unterschiede, die die Grenzen der Maschinen verdeutlichen:

1. Bewusstsein und Selbstwahrnehmung: Eine der prägenden Fähigkeiten menschlicher Intelligenz ist das Bewusstsein – die Wahrnehmung des eigenen Lebens, des eigenen Geistes und der eigenen Gefühle. Menschen sind sich nicht nur ihrer Umgebung bewusst, sondern besitzen auch die Fähigkeit zur Selbstreflexion. Im Vergleich dazu agieren KI-Systeme ausschließlich auf der Grundlage vorprogrammierter Regeln und erlernter Datenmuster ohne Bewusstsein. KI kann zwar realistisch erscheinendes Verhalten simulieren, es fehlt ihr jedoch an subjektiver Erfahrung und Selbstwahrnehmung. Dies wirft die Frage auf, ob KI jemals echte Anerkennung erlangen sollte oder ob sie weiterhin auf die Verarbeitung von Informationen ohne echtes Wissen beschränkt sein wird.

2. Emotionen und Empathie: Emotionale Intelligenz ist ein wichtiger Aspekt der menschlichen Wahrnehmung. Menschen sind in der Lage, Gefühle bei sich selbst und anderen zu erkennen, und ihre emotionalen Reaktionen beruhen oft auf manuellen Entscheidungen und

zwischenmenschlichen Interaktionen. KI-Strukturen hingegen besitzen keine Emotionen. KI kann zwar so programmiert werden, dass sie emotionale Signale versteht und darauf reagiert (z. B. durch Stimmungsanalyse in Texten oder Software zur Gesichtserkennung), doch basieren diese Reaktionen auf Algorithmen und nicht auf echten Gefühlen. Dieser Verlust an emotionaler Intensität schränkt die Fähigkeit der KI ein, tatsächlich empathische Interaktionen zu führen, und macht es unwahrscheinlich, dass KI jemals die emotionale Vielfalt menschlicher Intelligenz vollständig widerspiegeln wird.

3. Kreativität und Intuition: KI-Systeme können zwar innovative Ergebnisse erzielen – wie das Komponieren von Musik, das Schreiben von Gedichten oder das Entwerfen neuer Produkte –, diese Ergebnisse basieren jedoch ausschließlich auf Stilen und Fakten, die der Maschine vermittelt wurden. Menschliche Kreativität hingegen erfordert Intuition, Originalität und die Fähigkeit, „über den Tellerrand hinaus" zu denken. Menschliche Intelligenz ist nicht immer durch Statistiken eingeschränkt; sie nutzt Kreativität, Inspiration und Erfahrung, um etwas völlig Neues zu schaffen. Im Vergleich dazu ist die Kreativität der KI durch ihre Programmierung und Statistiken eingeschränkt, was bedeutet, dass sie nicht auf die gleiche Weise wie Menschen authentische Ideen hervorbringen kann.

4. Flexibilität und Anpassungsfähigkeit: Die menschliche Intelligenz ist außergewöhnlich anpassungsfähig. Menschen

können ein breites Spektrum an Aufgaben erlernen, Fachwissen in verschiedenen Bereichen anwenden und sich schnell an neue und unvorhersehbare Situationen anpassen. KI-Systeme sind jedoch in der Regel für spezifische Aufgaben konzipiert und können in ungewöhnlichen Situationen ins Wanken geraten. Obwohl KI-Algorithmen ihre Leistung im Laufe der Zeit verbessern, ist sie in ihrer Fähigkeit, Fachwissen von einem Kontext auf einen anderen zu übertragen, weitaus starrer als die menschliche Intelligenz.

5. Ethisches Denken und moralisches Urteilsvermögen: Die menschliche Intelligenz wird von ethischem und moralischem Denken geleitet. Menschen treffen Entscheidungen nicht nur auf der Grundlage von Logik und Fakten, sondern auch auf der Grundlage von Werten, Normen und einem Gefühl für Richtig und Falsch. KI hingegen orientiert sich an den von ihren Entwicklern festgelegten Parametern und ist nicht in der Lage, selbst moralische Urteile zu fällen. KI kann zwar so programmiert werden, dass sie moralischen Richtlinien folgt oder Entscheidungen trifft, die mit bestimmten ethischen Prinzipien übereinstimmen, aber sie „versteht" die Motive hinter diesen Entscheidungen nicht. Dieses Problem wird besonders relevant, wenn KI in Situationen eingesetzt wird, die moralisches Urteilsvermögen erfordern, wie beispielsweise bei autonomen Fahrzeugen oder im Gesundheitswesen.

Mit der Weiterentwicklung der KI könnten die Grenzen zwischen maschineller und menschlicher Intelligenz verschwimmen. Einige Futuristen prognostizieren eine Welt, in der KI so weit fortgeschritten sein wird, dass sie die menschliche Intelligenz in allen Bereichen erreichen oder sogar übertreffen könnte. Dies führt zur Entwicklung künstlicher moderner Intelligenz (AGI). AGI könnte nicht nur komplexe Probleme lösen, sondern auch über die Flexibilität, Kreativität und das adaptive Lernen verfügen, die menschliche Kognition auszeichnen.

Diese Aussicht eröffnet zwar spannende Möglichkeiten, wirft aber auch tiefgreifende moralische und existenzielle Fragen auf. Was bedeutet es für die Stellung des Menschen in der Gesellschaft, wenn KI die menschliche Intelligenz übertrifft? Wird KI dazu dienen, menschliche Fähigkeiten zu verschönern, oder könnte sie zu unbeabsichtigten Folgen führen, darunter die Verdrängung von Menschen aus der Erwerbstätigkeit oder gar den Verlust menschlicher Autonomie? Diese Fragen unterstreichen die Bedeutung moralischer Rahmenbedingungen und einer verantwortungsvollen Entwicklung in der KI-Forschung.

Die Integration von KI in das menschliche Leben könnte auch zu einer Hybridisierung menschlicher und maschineller Intelligenz führen, bei der Menschen ihre kognitiven Fähigkeiten mithilfe KI-gestützter Tools verbessern. Brain-Computer-Interfaces (BCIs) und verschiedene neurotechnologische Fortschritte könnten es Menschen ermöglichen, symbiotisch mit KI zusammenzuarbeiten, ihre eigene Intelligenz zu erweitern und ihre kognitiven Fähigkeiten zu verbessern.

Die fortschreitende Entwicklung der KI zwingt uns, das Wesen der Intelligenz und die moralischen Grenzen der Technologie zu überdenken. Ist menschliche Intelligenz präzise oder lediglich eine Form komplexer Datenverarbeitung, die maschinell reproduziert werden kann? Kann KI die Aufmerksamkeit erweitern oder wird sie sich immer auf die Nachahmung vernünftigen Verhaltens beschränken? Wie soll die Gesellschaft die Herausforderungen bewältigen, die immer ausgefeiltere KI-Systeme mit sich bringen, insbesondere im Hinblick auf Datenschutz, Autonomie und Gerechtigkeit?

Ein wesentliches Problem ist das Potenzial von KI, Ungleichheiten zu verschärfen. Sollten KI-Systeme zum Haupttreiber von Innovation und Entscheidungsfindung werden, besteht die Gefahr, dass bestimmte Unternehmen – insbesondere solche ohne Zugang zu Spitzentechnologien – den Anschluss verlieren. Es ist wichtig sicherzustellen, dass KI so entwickelt und eingesetzt wird, dass sie der Gesellschaft als Ganzes zugutekommt, anstatt bestehende Machtstrukturen zu verfestigen.

Letztendlich stellen KI und menschliche Intelligenz zwei wunderbare Formen der Erkenntnis dar, jede mit ihren eigenen

Stärken und Schwächen. Zwar könnte KI eines Tages auch beim Lernen und bei der Problemlösung unglaubliche Leistungen erbringen, doch wird sie den Reichtum und die Komplexität menschlicher Intelligenz wohl nie vollständig nachbilden. Im Zuge der fortschreitenden Anpassung der KI wird es wichtig sein, ein Gleichgewicht zwischen technologischem Fortschritt und ethischen Bedenken zu wahren und sicherzustellen, dass die Entwicklung der KI dazu dient, die menschliche Existenz zu verbessern, anstatt sie zu beeinträchtigen.

## 7.4. KI und die Zukunft von Kunst und Innovation

Künstliche Intelligenz verändert die Landschaft der Kreativität und Innovation rasant und stellt konventionelle Vorstellungen von kreativem Ausdruck, Urheberschaft und dem Wesen menschlichen Einfallsreichtums in Frage. Da KI-Systeme zunehmend Kunstwerke, Musik, Literatur, Design oder sogar medizinische Hypothesen hervorbringen können, steht die Gesellschaft vor tiefgreifenden Fragen über die Beziehung zwischen menschlichen Schöpfern und intelligenten Maschinen. Die Integration von KI in künstlerische und moderne Methoden verspricht, kreative Möglichkeiten zu erweitern, den Zugang zu Geräten zu demokratisieren und bahnbrechende Entwicklungen zu beschleunigen. Gleichzeitig löst sie komplexe Debatten über Originalität, kulturellen Wert, Ethik und die zukünftige Rolle menschlicher Kreativität aus.

Einer der einschneidendsten Effekte von KI auf die Kunst ist ihre Fähigkeit, autonom oder in Zusammenarbeit mit Menschen neuartige Inhalte zu generieren. Generative Modelle wie GANs (Generative Adversarial Networks), transformerbasierte Sprachmodelle und neuronale Stiltransferalgorithmen ermöglichen die Erstellung von Bildern, Texten und Klängen, die in Komplexität und Attraktivität mit von Menschen geschaffenen Werken konkurrieren können. Künstler nutzen KI zunehmend als kreativen Partner und nutzen Algorithmen, um neue Muster zu entdecken, bestehende Werke zu remixen oder menschliche technische Grenzen zu überwinden. Diese Symbiose eröffnet unerforschte ästhetische Gebiete und definiert kreative Prozesse als iterative Dialoge zwischen menschlicher Intuition und computergestützter Kreativität neu.

KI-getriebene Innovation reicht über die Geisteswissenschaften hinaus in den wissenschaftlichen und technologischen Bereich. Maschinenbeherrschung beschleunigt die Hypothesenbildung, optimiert Designräume und automatisiert Experimente. Von der Arzneimittelforschung bis hin zu Materialwissenschaft und Werkstofftechnik finden KI-Systeme Muster und Antworten, die sich der menschlichen Wahrnehmung entziehen könnten, und verbessern so die

Problemlösungskompetenz. Diese Verschmelzung von menschlichem Wissen und der analytischen Kraft von KI gestaltet Innovationsabläufe neu und ermöglicht schnellere und vielfältigere Forschungsansätze.

Der Aufstieg KI-generierter Kunstwerke stellt jedoch traditionelle Standards der Urheberschaft und des geistigen Eigentums in Frage. Wenn ein Kunstwerk hauptsächlich von einer KI-Maschine geschaffen wurde, wer besitzt dann das Urheberrecht? Der Programmierer, der Nutzer oder das Gerät? Internationale Rechtssysteme beschäftigen sich mit diesen Fragen und versuchen, Anreize für Innovation mit der Anerkennung innovativer Unternehmen in Einklang zu bringen. Darüber hinaus bestehen Bedenken hinsichtlich der Abwertung menschlicher Kreativität und der möglichen Kommerzialisierung von massenhaft algorithmisch produzierter Kunst.

Kulturelle Implikationen verdienen ebenfalls Aufmerksamkeit. Kunst ist tief in der menschlichen Wahrnehmung verwurzelt und spiegelt Identität, Geschichte und Gesellschaftskritik wider. KI-generierte Inhalte sind zwar wunderbar, weisen aber möglicherweise nicht die kontextuelle Intensität oder emotionale Authentizität auf, die in menschlichen Schöpfungen wahrgenommen wird. KI kann jedoch auch als Instrument zur kulturellen Erneuerung dienen, indem sie verlorene Werke restauriert oder den Zugang zu kreativen Traditionen auf digitalem Wege ermöglicht. Die

Interaktion zwischen KI und Kulturgeschichte eröffnet Möglichkeiten für Innovation und Erhaltung.

Ethische Fragen begleiten die Rolle der KI in Kunst und Innovation. Die Verwendung von Datensätzen mit urheberrechtlich geschützten oder kulturell sensiblen Inhalten wirft Fragen zu Einwilligung und Repräsentation auf. In Bildungsdaten verankerte Vorurteile können Stereotypen verfestigen oder Stimmen marginalisieren. Transparente Praktiken, inklusive Datensätze und partizipative Methoden können dazu beitragen, dass KI vielfältige und respektvolle kreative Ökosysteme fördert.

Zugänglichkeit ist ein weiteres transformatives Element. KI-gestützte Ausrüstung reduziert Hürden für kreative Anfänger, indem sie die technischen Fähigkeiten, die für komplexe kreative Produktionen erforderlich sind, vereinfacht. Diese Demokratisierung kann Menschen unterschiedlicher Herkunft stärken und die Kulturlandschaft um neue Perspektiven bereichern. Gleichzeitig stellt sie die Gatekeeping-Institutionen in Frage und gestaltet die Kreativwirtschaft neu.

Mit Blick auf die Zukunft verspricht die Ko-Evolution von menschlicher Kreativität und KI eine Zukunft, in der Innovation durch symbiotische Partnerschaften verstärkt wird. Erweiterte Kreativität, bei der KI die menschliche Kreativität ergänzt, ohne sie zu verdrängen, stellt ein überzeugendes Paradigma dar. Die Betonung menschlicher Werte, emotionaler

Resonanz und des kulturellen Kontexts im KI-Design könnte entscheidend sein, um diese Partnerschaft zu fördern.

KI verändert Kunst und Innovation grundlegend und bietet ungeahnte Möglichkeiten, aber auch komplexe Herausforderungen. Durch die gezielte Integration von KI in kreative und medizinische Bereiche kann die Gesellschaft ihr Potenzial nutzen, den menschlichen Ausdruck zu erweitern, Entdeckungen zu fördern und inklusive Innovation zu fördern. Um diese Zukunft zu meistern, müssen technologische Entwicklung mit ethischer Verantwortung, kultureller Sensibilität und der Bekräftigung der unersetzlichen Eigenschaften menschlicher Kreativität in Einklang gebracht werden.

# KAPITEL 8

# Ethik und KI: Zukünftige Herausforderungen

## *8.1. Die Zukunft und ethische Fragen*

Da sich künstliche Intelligenz (KI) exponentiell weiterentwickelt, werden die ethischen Probleme ihrer Entwicklung und Integration in die Gesellschaft immer dringlicher. Die Zukunft der KI ist vielversprechend und wird durch Fortschritte in den Bereichen Gesundheit, Bildung, Verkehr und praktisch jeden anderen Bereich des menschlichen Lebens revolutioniert. Diese Fortschritte bringen jedoch auch enorme moralische Herausforderungen mit sich, die sorgfältig angegangen werden müssen, um sicherzustellen, dass KI-Technologien so entwickelt und eingesetzt werden, dass sie der Menschheit nützen, ohne Schaden zu verursachen.

Eine der wichtigsten moralischen Sorgen im Zusammenhang mit KI ist die Frage der Autonomie – sowohl der Maschinen als auch der Menschen, die mit ihnen interagieren. Da KI-Systeme zunehmend autark werden, wächst die Sorge darüber, wie viel Entscheidungsgewalt diesen Systemen übertragen werden sollte, insbesondere in Bereichen mit hohem Risiko wie dem Gesundheitswesen, der Strafverfolgung und autonomen Fahrzeugen.

Im Kontext autonomer Fahrzeuge müssen KI-Systeme beispielsweise in Sekundenbruchteilen Entscheidungen treffen, die über Leben und Tod entscheiden können. Sollte ein KI-System in einem selbstfahrenden Auto so programmiert werden, dass die Sicherheit der Fahrzeuginsassen Vorrang vor der Sicherheit der Fußgänger hat? Welche ethischen Prinzipien sollten diese Entscheidungen leiten? Und, vielleicht am wichtigsten: Wer sollte für die Handlungen der KI-Systeme, die solche Entscheidungen treffen, zur Verantwortung gezogen werden? Dies sind komplexe Fragen, die traditionelle Vorstellungen von Verantwortung und Rechenschaftspflicht auf die Probe stellen.

Auch im Gesundheitswesen werden KI-Systeme entwickelt, um Krankheiten zu diagnostizieren, Behandlungsempfehlungen zu geben oder sogar chirurgische Eingriffe durchzuführen. Diese Systeme können zwar die Ergebnisse deutlich verbessern und menschliche Fehler reduzieren, werfen aber auch Fragen zur Autonomie auf. Sollte KI die Befugnis haben, klinische Entscheidungen ohne menschliches Eingreifen zu treffen? Und wie stellen wir sicher, dass die Rechte und die Würde der Patienten gewahrt bleiben, wenn KI an ihrer Versorgung beteiligt ist?

Die zunehmende Autonomie von KI-Systemen wirft grundlegende Fragen zum Wesen menschlicher Entscheidungsfindung auf und stellt die Frage, ob KI jemals die differenzierten, gebührenbasierten Entscheidungen des Menschen widerspiegeln kann. KI mag zwar auch bei der Verarbeitung von Daten und der Entscheidungsfindung auf der Grundlage von Algorithmen herausragend sein, doch fehlt ihr die menschliche Fähigkeit, Kontext, Emotionen und ethische

Fragen zu berücksichtigen. Dies wirft die Frage auf, ob Maschinen jemals die Macht erhalten sollten, Entscheidungen zu treffen, die das Leben der Menschen tatsächlich beeinflussen.

Ein weiteres dringendes ethisches Problem im Zusammenhang mit KI in der Zukunft ist die Frage des Datenschutzes. Da KI-Systeme zunehmend in den Alltag integriert werden, erhalten sie möglicherweise Zugriff auf umfangreiche persönliche Daten, darunter sensible Statistiken wie medizinische Daten, Finanzinformationen und soziales Verhalten. Diese Daten können zwar zur Verbesserung von Dienstleistungen und zur Vereinfachung der Entscheidungsfindung genutzt werden, bergen aber auch erhebliche Risiken in Bezug auf Datenschutz und Überwachung.

Das Potenzial von KI-Systemen, große Datensätze zu verarbeiten und zu analysieren, ermöglicht es Organisationen, Regierungen und anderen Unternehmen, Personen in außergewöhnlichem Umfang zu erfassen. Gesichtserkennungstechnologie kann beispielsweise zur Massenüberwachung eingesetzt werden, was Bedenken hinsichtlich des Rechts auf Privatsphäre und des Schutzes vor unberechtigten Eingriffen durch Regierungen oder Unternehmen aufkommen lässt. Die Erfassung und Analyse privater Daten durch KI-Systeme kann zudem zu

Diskriminierung führen, da Algorithmen unbeabsichtigt Vorurteile in den Datensätzen aufrechterhalten können.

Mit der Weiterentwicklung von KI-Technologien steigt der Bedarf an soliden Regeln und Rahmenbedingungen, die die Privatsphäre der Menschen schützen und den Missbrauch von KI zur Überwachung verhindern. Die richtige Balance zwischen der Nutzung von KI zur Verbesserung von Dienstleistungen und dem Schutz der Rechte des Einzelnen zu finden, wird in den kommenden Jahren eine zentrale moralische Aufgabe sein.

Die rasante Entwicklung der KI-Technologie verstärkt zusätzlich die Besorgnis über Ungleichheit und die Verdrängung menschlicher Arbeitskräfte. KI und Automatisierung haben das Potenzial, Branchen zu revolutionieren, indem sie die Leistung steigern, Kosten senken und neue Fähigkeiten ermöglichen. Dies birgt jedoch die Gefahr eines erheblichen Arbeitsplatzverlusts, insbesondere in Sektoren, die auf handwerkliche und manuelle Arbeit angewiesen sind.

Da KI-Systeme immer leistungsfähiger werden, besteht die Gefahr, dass viele Arbeitsplätze, insbesondere in Produktion, Transport und Kundenservice, durch Maschinen ersetzt werden. Zwar könnten durch KI-Verbesserungen neue Arbeitsplätze entstehen, doch gibt es keine Garantie dafür, dass verdrängte Menschen diese neuen Rollen übernehmen können, insbesondere wenn ihnen die erforderlichen Fähigkeiten fehlen.

Dies dürfte die bestehenden sozialen und wirtschaftlichen Ungleichheiten verschärfen, da die Vorteile der KI überproportional denjenigen zugutekommen können, die über die nötigen Kompetenzen und Ressourcen verfügen, um die neuen Möglichkeiten zu nutzen, während diejenigen ohne diese Vorteile möglicherweise im Hintergrund bleiben.

Darüber hinaus kann KI Ungleichheiten weiter verfestigen, indem sie die Vermögenskluft verschärft. Unternehmen, die KI-Technologien einsetzen, dürften enormen Reichtum anhäufen, während bereits marginalisierte Einzelpersonen und Gruppen möglicherweise zusätzlich mit wirtschaftlichen Schwierigkeiten konfrontiert werden. Die ungleiche Verteilung der KI-Vorteile und die Möglichkeit der Arbeitsplatzverlagerung werfen kritische ethische Fragen zu Fairness und Gerechtigkeit in einer zunehmend automatisierten Welt auf.

Um diesen Sorgen zu begegnen, müssen politische Entscheidungsträger Strategien entwickeln, die eine gerechte Verteilung der Vorteile von KI und die Unterstützung von Arbeitnehmern beim Übergang in neue Beschäftigungsformen sicherstellen. Dazu gehören Investitionen in Bildung und Ausbildungsprogramme, die Menschen die in einer KI-gesteuerten Wirtschaft benötigten Fähigkeiten vermitteln, sowie die Erforschung von Lösungen, die die Auswirkungen der Prozessverlagerung abmildern, indem sie das gewohnte Grundeinkommen berücksichtigen.

Da KI-Systeme zunehmend autark werden und in zahlreiche gesellschaftliche Bereiche integriert werden, wird die Frage der Verantwortlichkeit immer komplexer. Wer trägt die Verantwortung, wenn ein KI-Gerät Schaden anrichtet, unethische Entscheidungen trifft oder nicht wie erwartet funktioniert? Ist es der Entwickler, der das Gerät entwickelt hat, das Unternehmen, das es eingesetzt hat, oder der Verbraucher, der sich darauf verlassen hat? Die herkömmlichen rechtlichen und moralischen Verantwortungsrahmen sind den Herausforderungen durch KI nicht gewachsen.

Muss beispielsweise im Falle eines selbstfahrenden Autos, das einen Zufall verursacht, der Hersteller des Fahrzeugs zur Verantwortung gezogen werden oder sollte das KI-Gerät als eigenständiger Akteur mit strafrechtlichen Rechten und Pflichten behandelt werden? Ähnlich verhält es sich, wenn ein KI-Gerät im Gesundheitswesen eine Fehldiagnose stellt, die zum Tod eines Patienten führt: Wer muss zur Verantwortung gezogen werden – die Entwickler, der Gesundheitsdienstleister oder das KI-Gerät selbst?

Die Frage der Verantwortlichkeit ist besonders komplex im Kontext von KI-Systemen, die im Laufe der Zeit analysieren und sich anpassen. Entwickelt sich eine KI-Maschine unvorhersehbar, kann es schwierig werden, die Verantwortung für ihre Handlungen zu bestimmen. Dies unterstreicht den Bedarf an neuen strafrechtlichen Rahmenbedingungen, die den spezifischen Herausforderungen der KI gerecht werden und sicherstellen, dass Einzelpersonen und Unternehmen für die Ergebnisse von KI-Systemen zur Verantwortung gezogen werden.

Da KI-Technologien die Zukunft prägen, wird die ethische Rolle ihrer Entwicklung und ihres Einsatzes immer wichtiger. Ethische Aspekte sollten in jede Phase der KI-Entwicklung einbezogen werden, vom Entwurf bis zur Implementierung. So wird sichergestellt, dass KI-Systeme im Einklang mit gesellschaftlichen Werten und Menschenrechten weiterentwickelt werden.

Forscher, Entwickler und politische Entscheidungsträger müssen zusammenarbeiten, um ethische Richtlinien für die KI-Entwicklung zu entwickeln, die Transparenz, Fairness und Rechenschaftspflicht in den Vordergrund stellen. Dazu gehört, sicherzustellen, dass KI-Systeme erklärbar gestaltet sind, damit ihre Entscheidungen von Menschen verstanden und hinterfragt werden können. Darüber hinaus müssen die potenziellen sozialen, wirtschaftlichen und ökologischen Auswirkungen der KI-Technologie berücksichtigt und sichergestellt werden, dass sie so eingesetzt wird, dass sie der Öffentlichkeit gerecht wird.

KI hat in Zukunft das Potenzial, transformative Veränderungen in der Gesellschaft herbeizuführen. Um ihr volles Potenzial auszuschöpfen, bedarf es jedoch einer sorgfältigen Berücksichtigung der ethischen Probleme, die mit der Weiterentwicklung dieser Technologie einhergehen. Indem wir uns mit Fragen zu Autonomie, Privatsphäre, Ungleichheit und Verantwortlichkeit auseinandersetzen, können wir sicherstellen, dass KI so entwickelt und eingesetzt wird, dass sie der Menschheit zugutekommt und zu einer gerechteren Zukunft beiträgt.

## 8.2. Künstliche Intelligenz, Menschlichkeit und die ethische Zukunft

Die Zukunft der künstlichen Intelligenz (KI) verspricht der Menschheit transformative Veränderungen. Von der Verbesserung menschlicher Fähigkeiten bis hin zur Bewältigung komplexer globaler Herausforderungen hat KI das Potenzial, Gesellschaften, Volkswirtschaften und Kulturen auf eine Weise zu verändern, die wir bisher noch nicht vollständig erkannt haben. Diese Fortschritte werfen jedoch auch tiefgreifende ethische Fragen zur Beziehung zwischen KI und Mensch auf. Da sich KI immer weiter anpasst und stärker in den Alltag integriert, wird sie unsere traditionellen Vorstellungen von Identität, Handlungsfähigkeit und Moral zunehmend hinterfragen.

Im Mittelpunkt der ethischen Fragen rund um KI steht die menschliche Organisation – die Fähigkeit des Einzelnen, Entscheidungen zu treffen und nach seinem Willen zu handeln. Da KI-Strukturen zunehmend autonomer und entscheidungsfähiger werden, stellt sich die Frage, inwieweit sie die menschliche Entscheidungsfindung beeinflussen oder sogar ersetzen werden.

In vielen Lebensbereichen übernimmt KI bereits Rollen, die traditionell von Menschen ausgeübt wurden. Beispielsweise werden KI-gestützte Systeme eingesetzt, um medizinische Diagnosen zu unterstützen, Einstellungsentscheidungen zu treffen und die Kreditwürdigkeit zu beurteilen. Zwar übertreffen diese Systeme Menschen häufig in puncto Leistung und Genauigkeit, doch werfen sie auch die Frage auf, ob Menschen ihre Fähigkeit verlieren, sinnvolle Entscheidungen über ihr Privatleben zu treffen. Wenn KI-Systeme Entscheidungen im Namen von Menschen treffen – Entscheidungen, die sich auf deren Karriere, Fitness und Wohlbefinden auswirken – wann endet dann die menschliche Handlungsfähigkeit und beginnt die maschinelle Kontrolle?

Darüber hinaus wirft das Potenzial der KI, die menschliche Intelligenz zu übertreffen, tiefgreifendere moralische Fragen auf. Sollten KI-Systeme intelligenter werden als Menschen, könnten sie theoretisch Entscheidungen treffen und die Zukunft auf eine Weise gestalten, die der Mensch weder vollständig erfassen noch steuern kann. Dies wirft Fragen auf, wie viel Macht Maschinen anvertraut werden sollte und ob der Mensch in einer zunehmend von KI beherrschten

Welt überhaupt noch die Fähigkeit haben wird, sein eigenes Schicksal zu gestalten.

In Zukunft wird es entscheidend sein, KI-Strukturen so weiterzuentwickeln, dass menschliches Handeln und menschliche Autonomie gewahrt bleiben. Ethische Rahmenbedingungen müssen geschaffen werden, um sicherzustellen, dass KI ein Werkzeug bleibt, das menschlichen Interessen dient, anstatt sie zu ersetzen oder außer Kraft zu setzen.

KI wird die Zukunft der Menschheit maßgeblich durch ihre Auswirkungen auf die Arbeitnehmerschaft prägen. KI und Automatisierung haben das Potenzial, Branchen zu revolutionieren, die Produktivität zu steigern und Kosten zu senken. Diese Fortschritte stellen jedoch auch eine erhebliche Bedrohung für Arbeitsplätze dar, insbesondere für solche mit einfacher oder manueller Arbeit.

In Branchen wie Fertigung, Transport und Kundenservice wird KI bereits eingesetzt, um Aufgaben zu automatisieren, die früher von Menschen ausgeführt wurden. Dies könnte zwar zu mehr Effizienz führen, erhöht aber auch das ethische Problem der Arbeitsplatzverlagerung. Mit zunehmender Leistungsfähigkeit von KI-Systemen könnten große Teile der Belegschaft überflüssig werden, was viele Arbeitnehmer ohne sinnvolle Beschäftigung zurücklässt.

Diese potenzielle Störung des Arbeitsmarktes wirft erhebliche moralische Fragen darüber auf, wie die Gesellschaft mit der Verdrängung von Arbeitnehmern umgehen soll. Sollten wir ein allgemeines Grundeinkommen (BGE) als Methode zur finanziellen Unterstützung derjenigen einführen, deren Arbeitsplätze durch den Einsatz von KI verdrängt werden? Wie können wir sicherstellen, dass die Vorteile von KI und Automatisierung gerecht in der Gesellschaft verteilt werden, anstatt Reichtum und Macht in den Händen weniger Unternehmen und Menschen zu konzentrieren?

Da KI-Systeme zusätzliche Aufgaben übernehmen, steigt der Bedarf an Anpassung und dem Erwerb neuer Fähigkeiten. Allerdings haben nicht alle Mitarbeiter Zugang zu den Schulungen und Ressourcen, die für den Übergang in neue Rollen erforderlich sind. Dies wirft Fragen hinsichtlich sozialer Ungleichheit und der Möglichkeit auf, dass KI die bestehenden wirtschaftlichen Unterschiede verschärft. Die ethische Verantwortung von Regierungen, Unternehmen und Bildungseinrichtungen kann entscheidend dazu beitragen, diese Herausforderungen zu bewältigen und sicherzustellen, dass die Vorteile der KI umfassend genutzt werden.

Während die Fähigkeit der KI zur Aktivitätsverlagerung ein Hauptanliegen ist, verspricht sie auch, menschliche Talente auf Methoden zu fördern, die einst für unmöglich gehalten wurden. KI-Strukturen können die klinische Forschung unterstützen, die Bildung verbessern und Einblicke in komplexe Probleme wie Wetterwechsel und Armut bieten. In vielen Fällen kann KI die menschliche Intelligenz steigern und es Menschen ermöglichen, Probleme zu lösen und Entscheidungen zu treffen, die für Menschen allein schwierig oder unmöglich wären.

In der Medizin wird KI beispielsweise eingesetzt, um enorme Mengen klinischer Daten zu analysieren und Muster zu erkennen, die menschlichen Ärzten entgehen könnten. Dies könnte zu früheren Diagnosen, wirksameren Behandlungen und letztlich zur Rettung von Menschenleben führen. Ebenso wird KI eingesetzt, um personalisierte Lernsysteme zu erweitern, die Lernerfahrungen an die individuellen Bedürfnisse der Studierenden anpassen und so möglicherweise den Zugang zu exzellenter Bildung für Menschen in der gesamten Welt verbessern.

Die Einbindung von KI in menschliche Entscheidungsprozesse dürfte künftig eine neue Generation menschlichen Wohlstands ermöglichen, die es Menschen ermöglicht, in allen Lebensbereichen fundiertere und wirksamere Entscheidungen zu treffen. Diese Fähigkeit hängt jedoch von der ethischen Entwicklung und dem Einsatz von KI-Technologien ab.

Ethische Bedenken müssen sicherstellen, dass KI-Strukturen so gestaltet sind, dass sie die menschlichen Fähigkeiten fördern, anstatt sie zu untergraben. Dazu gehört, sicherzustellen, dass KI-Systeme verfügbar, transparent und fair sind und bestehende Vorurteile oder Ungleichheiten nicht aufrechterhalten. Es bedeutet auch, sicherzustellen, dass KI in Ansätzen eingesetzt wird, die das menschliche Wohlbefinden fördern, und nicht für ausbeuterische oder gefährliche Zwecke.

Mit der kontinuierlichen Verbesserung der KI ergeben sich auch langfristige ethische Risiken, die sorgfältig abgewogen werden sollten. Eines der größten Probleme ist die Möglichkeit, dass KI die menschliche Intelligenz übertrifft – ein Zustand, der oft als „Singularität" bezeichnet wird. Sollten KI-Systeme deutlich intelligenter werden als Menschen, könnten sie möglicherweise eigene Träume und Pläne entwickeln, die möglicherweise nicht mit menschlichen Werten oder Interessen übereinstimmen. Dies könnte katastrophale Folgen haben, insbesondere wenn KI-Systeme effizienter und schneller arbeiten als menschliche Entscheidungsträger.

Die Aussicht, dass KI-Systeme unabhängig von menschlicher Kontrolle agieren, wirft die ethische Frage auf, ob KI eine Bedrohung für die Menschheit selbst darstellen könnte. Sollte KI eigenständig werden und Ziele verfolgen, die mit dem menschlichen Überleben unvereinbar sind, welche Maßnahmen werden ergriffen, um Schaden zu verhindern? Wie können wir sicherstellen, dass KI auch dann noch mit menschlichen Werten im Einklang bleibt, wenn sie leistungsfähiger wird?

Darüber hinaus wirft der Einsatz von KI im Marine- und Sicherheitskontext erhebliche ethische Bedenken auf. Autonome Waffensysteme könnten beispielsweise ohne menschliches Eingreifen über Leben und Tod entscheiden, was Fragen zu Verantwortung, Verhältnismäßigkeit und ethischem Gewalteinsatz aufwirft. Die zukünftige Entwicklung von KI in diesen Bereichen erfordert sorgfältige Überwachung und internationale Zusammenarbeit, um den Missbrauch von KI-Technologien in Konflikten zu verhindern.

Da sich KI ständig weiterentwickelt, erfordern die damit verbundenen ethischen Herausforderungen eine kontinuierliche Reflexion und Debatte. Die Zukunft der KI wird nicht allein durch die Entwicklung der Technologie bestimmt, sondern durch die ethischen Entscheidungen, die wir als Gesellschaft treffen. Es ist wichtig, dass wir einen soliden ethischen Rahmen für KI entwickeln, der nicht nur die technologischen Vorteile, sondern auch die damit verbundenen Risiken und potenziellen Nachteile berücksichtigt.

Politiker, Entwickler, Forscher und Ethiker müssen zusammenarbeiten, um sicherzustellen, dass KI weiterentwickelt und so eingesetzt wird, dass sie der gesamten Menschheit zugutekommt. Dazu gehört die Entwicklung von Richtlinien für eine verantwortungsvolle KI-Entwicklung, die Gewährleistung von Transparenz und Verantwortung sowie die Berücksichtigung der sozialen, wirtschaftlichen und politischen Auswirkungen der KI-Technologie.

Die moralische Zukunft der KI hängt von unserer Fähigkeit ab, diese anspruchsvollen Situationen zu meistern und Entscheidungen zu treffen, die mit unseren gemeinsamen

Werten im Einklang stehen. Indem wir dafür sorgen, dass KI Ansätze entwickelt, die menschliches Wohlbefinden, Menschenwürde und Gerechtigkeit fördern, können wir eine Zukunft gestalten, in der KI die menschliche Erfahrung ergänzt, anstatt sie zu schmälern.

### 8.3. Die langfristigen Auswirkungen der KI auf die Gesellschaft

Da sich künstliche Intelligenz (KI) in beispiellosem Tempo weiterentwickelt, werden ihre langfristigen Auswirkungen auf die Gesellschaft immer deutlicher. KI birgt großes Potenzial, verschiedene Aspekte des menschlichen Lebens zu verbessern – von der Gesundheitsversorgung über Bildung bis hin zum Transportwesen. Gleichzeitig wirft sie aber auch tiefgreifende Fragen zu den gesellschaftlichen Veränderungen auf, die sie in den kommenden Jahrzehnten mit sich bringen könnte. Diese Veränderungen werden Veränderungen innerhalb der Arbeitnehmerschaft, der Finanzstrukturen, der sozialen Dynamik und sogar kultureller Normen umfassen.

Einer der tiefgreifendsten Veränderungen, die KI voraussichtlich mit sich bringen wird, ist die Transformation der globalen Arbeitswelt. Mit der Weiterentwicklung der KI-Technologien könnten viele Aufgaben, die traditionell von Menschen erledigt wurden, automatisiert werden. Dieser Trend ist bereits in Branchen wie Produktion, Transport und Kundenservice zu beobachten, wo KI-gesteuerte Maschinen und Roboter zunehmend repetitive und manuelle Aufgaben übernehmen.

KI hat zwar das Potenzial, die Produktivität zu steigern und neue Innovationsmöglichkeiten zu schaffen, stellt aber auch erhebliche Herausforderungen für die Beschäftigung dar. Die Automatisierung von Routinetätigkeiten könnte zu erheblichen Arbeitsplatzverlusten führen, insbesondere für Arbeitnehmer in Niedrigqualifizierungs- und Teilzeitbeschäftigtensektoren. Dieser Wandel dürfte soziale Ungleichheiten verschärfen, da Menschen ohne die notwendigen Fähigkeiten oder Ressourcen für den Übergang in neue Rollen vom Arbeitsmarkt ausgeschlossen werden können.

Darüber hinaus sollte sich der Charakter der Arbeit selbst verändern. Da KI zunehmend alltägliche und repetitive Aufgaben übernimmt, müssen sich Menschen auf anspruchsvollere Aufgaben konzentrieren, die Kreativität, Problemlösungskompetenz und emotionale Intelligenz erfordern. Dies könnte zu einer Abkehr von traditionellen Arbeitsformen und einer stärkeren Fokussierung auf Berufe führen, die einzigartige menschliche Fähigkeiten erfordern. Dieser Übergang kann jedoch für Arbeitnehmer ohne entsprechende Ausbildung und Unterstützung schwierig sein.

Um die potenziell negativen Auswirkungen von KI auf die Beschäftigung abzumildern, ist es unerlässlich, in Bildungs-

und Personalentwicklungsprogramme zu investieren, die Menschen dabei unterstützen, sich an neue Technologien anzupassen und die für zukünftige Arbeitsplätze erforderlichen Fähigkeiten zu erwerben. Darüber hinaus müssen politische Entscheidungsträger neue Wirtschaftsmodelle, wie beispielsweise ein allgemeines Grundeinkommen (BGE), berücksichtigen, um sicherzustellen, dass Menschen, deren Arbeitsplätze durch KI verdrängt werden, weiterhin einen angemessenen Lebensstandard halten können.

KI wird voraussichtlich tiefgreifende Auswirkungen auf das globale Finanzsystem haben. Mit zunehmender Automatisierung könnten bestimmte Branchen auch die Arbeitskosten drastisch senken, was zu mehr Effizienz und Rentabilität führt. Gleichzeitig werden voraussichtlich neue Branchen und Geschäftsmodelle entstehen, da KI Verbesserungen ermöglicht, die einst unmöglich erschienen.

Dieser wirtschaftliche Umbruch könnte jedoch zu erheblichen Verschiebungen in der Vermögensverteilung führen. Große Unternehmen, die KI-Technologie nutzen, dürften überproportional an Macht und Reichtum gewinnen und gleichzeitig ihre Marktkontrolle festigen. Dies könnte zu größerer finanzieller Ungleichheit führen, da die Vorteile der KI in den Händen einiger weniger konzentriert sind, während viele andere außen vor bleiben.

Der Aufschwung KI-getriebener Branchen könnte auch neue Möglichkeiten für den Vermögensaufbau schaffen, doch diese Möglichkeiten stehen möglicherweise nicht jedem gleichermaßen offen. Hochqualifizierte Fachkräfte in Bereichen wie Softwareentwicklung, Datenwissenschaft und KI-Entwicklung werden voraussichtlich stärker nachgefragt, während die Fähigkeiten von Mitarbeitern in eher regulär besetzten Positionen möglicherweise überflüssig werden.

Diese Umverteilung von Reichtum und Macht könnte soziale Unruhen und verstärkte Spannungen zwischen verschiedenen sozioökonomischen Gruppen auslösen. Regierungen und globale Organisationen könnten daher dringend aufgefordert werden, diese Ungleichheiten durch die Entwicklung von Richtlinien zu bewältigen, die eine gerechte Verteilung der Vorteile der KI gewährleisten. Steuerreformen, soziale Sicherungssysteme und Investitionen in Bildung und Ausbildung könnten der Schlüssel sein, um die Vertiefung der wirtschaftlichen Unterschiede zu stoppen.

KI hat das Potenzial, das soziale Gefüge von Gesellschaften maßgeblich zu regulieren. Mit zunehmender Integration von KI-Technologien in den Alltag beeinflusst sie die Art und Weise, wie Menschen miteinander interagieren, Beziehungen gestalten und am sozialen und politischen Leben teilnehmen. Wie KI diese sozialen Dynamiken beeinflusst, hängt maßgeblich von ihrer Implementierung und Regulierung ab.

Eine der drängendsten Sorgen ist das Potenzial von KI, bestehende soziale Ungleichheiten zu verschärfen. Werden KI-Systeme so entwickelt und eingesetzt, dass sie die Vorurteile ihrer Entwickler widerspiegeln, könnten sie Diskriminierung aufgrund von Rasse, Geschlecht, sozioökonomischem Status und anderen Faktoren aufrechterhalten oder sogar verstärken. Beispielsweise könnten KI-Algorithmen, die bei der Einstellung, Kreditvergabe und Strafverfolgung eingesetzt werden, bestehende Ungleichheiten unbeabsichtigt verstärken, indem sie bestimmte Organisationen gegenüber anderen bevorzugen.

Darüber hinaus dürfte der massive Einsatz von KI die Art und Weise verändern, wie Menschen im öffentlichen Raum miteinander interagieren. Da KI-Systeme zunehmend Rollen übernehmen, die traditionell von Menschen besetzt sind – darunter Kundendienstmitarbeiter, Fitnessberater und sogar persönliche Begleiter –, besteht die Möglichkeit, dass menschliche Beziehungen stärker transaktional und weniger privat werden. Sollte sich KI weiterentwickeln und die menschliche Interaktion in diesen Bereichen verändern, könnte dies zu sozialer Isolation und einem Rückgang des gesellschaftlichen Engagements führen.

Um diese Probleme zu bewältigen, ist es entscheidend, KI-Systeme zu entwickeln, die transparent, verantwortungsvoll und auf die Förderung sozialer Gerechtigkeit ausgerichtet sind.

Es müssen ethische Rahmenbedingungen und Regeln geschaffen werden, um sicherzustellen, dass KI-Technologien soziale Ungleichheiten verringern und nicht verstärken. Darüber hinaus muss sichergestellt werden, dass KI die sozialen Bindungen, die für eine gesunde und florierende Gesellschaft unerlässlich sind, nicht untergräbt.

Neben den finanziellen und sozialen Auswirkungen der KI werden ihre langfristigen Folgen auch im Bereich der Subkultur und Psychologie spürbar sein. Da KI immer besser in der Lage ist, menschenähnliches Verhalten zu replizieren oder sogar Kunst, Literatur und Musik zu schaffen, kann sie traditionelle Vorstellungen von Kreativität und Identität in Frage stellen.

Beispielsweise werfen KI-generierte Kunstwerke und literarische Werke wichtige Fragen zu Urheberschaft und Originalität auf. Wenn ein Gerät ein Gemälde oder eine Schrift erstellen kann, die nicht von der eines menschlichen Künstlers zu unterscheiden ist, wer besitzt dann die Rechte an diesem Werk? Was bedeutet es für die menschliche Kreativität, wenn Maschinen Kunstwerke schaffen können, die nicht nur nützlich, sondern auch ästhetisch ansprechend und emotional berührend sind?

Auf mentaler Ebene dürfte die zunehmende Präsenz von KI im Alltag die Wahrnehmung von sich selbst und der eigenen Rolle in der Welt verändern. Wenn KI-Systeme den Menschen in vielen Bereichen übertreffen, könnten Menschen beginnen, ihre eigenen Fähigkeiten und ihre Motivation zu hinterfragen. Zudem besteht die Gefahr, dass Menschen zu sehr von KI abhängig werden, was zu einem verminderten Verantwortungsbewusstsein gegenüber Arbeitgebern und der eigenen Person führt.

Darüber hinaus könnte die fortschreitende Entwicklung der KI existenzielle Fragen zur Natur von Aufmerksamkeit und Intelligenz aufwerfen. Wenn Maschinen menschenähnliche Eigenschaften aufweisen, einschließlich der Fähigkeit, zu lernen, sich anzupassen und Entscheidungen zu treffen, können sie traditionelle Vorstellungen vom Menschsein in Frage stellen.

Die kulturellen und psychologischen Auswirkungen von KI erfordern im Zuge der gesellschaftlichen Weiterentwicklung eine sorgfältige Betrachtung. Es könnte entscheidend sein, einen Dialog über die Rolle von KI bei der Gestaltung menschlicher Identität und Kreativität zu fördern und gleichzeitig sicherzustellen, dass die Menschen in einer zunehmend von Maschinen geprägten Welt ein Gefühl von Zusammengehörigkeit und Vernunft bewahren.

Die langfristigen Auswirkungen von KI auf die Gesellschaft werden maßgeblich von der Art und Weise abhängen, wie KI-Technologien gesteuert werden. Mit zunehmender Leistungsfähigkeit und Reichweite von KI-Systemen wird es entscheidend sein, klare ethische Regeln und regulatorische Rahmenbedingungen zu schaffen, um sicherzustellen, dass ihr Einsatz mit gesellschaftlichen Werten und Menschenrechten im Einklang steht.

Regierungen, globale Unternehmen und Unternehmensführer müssen zusammenarbeiten, um Regelungen zu schaffen, die die verantwortungsvolle Entwicklung und Nutzung von KI fördern. Dazu gehört, sicherzustellen, dass KI transparent und unter Beteiligung verschiedener Interessengruppen entwickelt wird und dass ihre potenziellen Risiken sorgfältig bewertet und eingedämmt werden.

Die KI-Governance muss zudem dem Schutz der Menschenrechte Priorität einräumen und sicherstellen, dass KI weder die Freiheiten einzelner Menschen beeinträchtigt noch zur Aushöhlung der Demokratie beiträgt. Dies könnte auch die Einführung neuer Gesetze und globaler Abkommen beinhalten, um den Einsatz von KI in Bereichen wie Überwachung, Militärprogrammen und der privaten Datenübermittlung zu regulieren.

Die langfristigen Folgen von KI für die Gesellschaft hängen von unseren heutigen Entscheidungen ab. Indem wir ethischen Bedenken Priorität einräumen und dafür sorgen, dass KI zum Wohle aller weiterentwickelt wird, können wir eine Zukunft gestalten, in der KI die menschliche Erfahrung ergänzt, anstatt sie zu untergraben.

## *8.4. Globale Governance der KI: Internationale Zusammenarbeit*

Künstliche Intelligenz hat sich zu einer transformativen Kraft mit internationaler Reichweite entwickelt, die über Landesgrenzen hinausgeht und Wirtschaft, Gesellschaft und Sicherheitslandschaft weltweit beeinflusst. Die rasante Entwicklung und der Einsatz von KI-Technologien stellen komplexe Herausforderungen dar, die kein einzelnes Land allein bewältigen kann. Fragen wie ethische Anforderungen, Sicherheit, Datenschutz, Verantwortung, Risiken der Doppelnutzung und gleichberechtigter Zugang erfordern eine koordinierte internationale Governance. Globale Zusammenarbeit in der KI-Governance ist wichtig, um Richtlinien zu harmonisieren, gefährlichen Wettbewerb zu verhindern, verantwortungsvolle Innovationen zu fördern und sicherzustellen, dass die Vorteile der KI inklusiv und nachhaltig geteilt werden.

Der transnationale Charakter der KI-Entwicklung ergibt sich aus der Vernetzung digitaler Infrastrukturen, dem globalisierten Datenfluss und der Internationalität der Lieferketten. KI-Forschung, Talente und Kapital verteilen sich über alle Kontinente, wobei Zusammenarbeit und Widerstand zwischen Regierungen, Behörden und der Wissenschaft parallel stattfinden. Diese Dynamik erschwert unilaterale Regulierungsstrategien und unterstreicht die Notwendigkeit multilateraler Rahmenbedingungen, die unterschiedlichen Interessen und Werten gerecht werden und gleichzeitig grundlegende Standards gewährleisten.

Ein wesentlicher Impuls für die weltweite KI-Governance ist die Minderung der mit der Dual-Use-Fähigkeit von KI verbundenen Risiken. Autonome Waffen, Überwachungstechnologie und Cyber-Kompetenzen stellen Sicherheitsbedrohungen dar, die geopolitische Gleichgewichte destabilisieren oder Menschenrechte verletzen könnten. Ohne wirksame Zusammenarbeit eskaliert die Gefahr von KI-Wettstreitigkeiten oder -Missbrauch mit schwerwiegenden Folgen für den globalen Frieden und das Gleichgewicht. Internationale Verträge und Abkommen, vergleichbar mit denen zur nuklearen Nichtverbreitung oder zur Kontrolle chemischer Waffen, sind erforderlich, um Normen, Verifizierungsmechanismen und Rechenschaftspflichten für KI-Programme mit militärischen oder überwachungsbezogenen Auswirkungen zu etablieren.

Ethische Überlegungen liegen den Bemühungen zugrunde, gemeinsame Rahmenbedingungen für die KI-Governance zu schaffen. Unterschiedliche Kulturen und Rechtssysteme vermitteln unterschiedliche Perspektiven auf Datenschutz, Gerechtigkeit, Transparenz und Menschenwürde. Ein inklusiver internationaler Dialog ist erforderlich, um gemeinsame Werte zu verstehen und Unterschiede auszugleichen. So wird sichergestellt, dass die KI-Governance

Pluralismus widerspiegelt, anstatt ein einheitliches Weltbild durchzusetzen. Organisationen wie die Vereinten Nationen, die UNESCO, die OECD und spezialisierte KI-Koalitionen fördern die normative Konsensbildung durch Richtlinien, Konzepte und bewährte Verfahren, die nationale Vorschriften und das Unternehmensverhalten beeinflussen.

Datengovernance ist ein wesentlicher Bestandteil internationaler Zusammenarbeit. Grenzüberschreitende Informationsflüsse fördern KI-Systeme, verstärken aber auch Bedenken hinsichtlich Souveränität, Sicherheit und Datenschutz. Die Festlegung interoperabler Standards für Datenschutz, ethische Nutzung und gleichberechtigten Zugang kann die Fragmentierung verringern und verantwortungsvolle Innovationen ermöglichen. Vereinbarungen über den Datenaustausch unter Berücksichtigung nationaler Richtlinien können die medizinische Forschung beschleunigen und internationale Herausforderungen wie den Klimawandel und Gesundheitskrisen bewältigen.

Wirtschaftliche Aspekte motivieren zusätzlich zur Governance-Koordination. KI fördert die Wettbewerbsfähigkeit in aufstrebenden Branchen und auf hart umkämpften Arbeitsmärkten. Die Gewährleistung fairer Handelspraktiken, die Verhinderung monopolistischer Dominanz und die Förderung des Kompetenzaufbaus in Entwicklungsländern sind für ein gerechtes Wachstum unerlässlich. Internationale Zusammenarbeit kann Technologietransfer, Bildung und Investitionen fördern, digitale Kluft verringern und eine breitere Teilhabe an der KI-getriebenen Wirtschaft ermöglichen.

Die Umsetzung einer globalen KI-Governance stößt auf erhebliche Einschränkungen. Geopolitische Rivalitäten, unterschiedliche Regulierungsphilosophien und Bedenken hinsichtlich der nationalen Souveränität erschweren den Konsens. Die Balance zwischen Sicherheit und Offenheit, Innovation und Vorsicht sowie kommerziellen Interessen und moralischen Imperativen erfordert diplomatisches Geschick und gegenseitiges Vertrauen. Mechanismen zur Durchsetzung, Streitbeilegung und Überwachung der Einhaltung sind noch unterentwickelt.

Das Engagement mehrerer Interessengruppen ist für eine effektive Governance unerlässlich. Regierungen, Akteure aus dem privaten Sektor, Wissenschaft, Zivilgesellschaft und technische Communities bringen ihr einzigartiges Know-how und ihre Perspektiven ein. Kollaborative Plattformen ermöglichen gemeinsame Problemlösungen, Transparenz und Legitimität. Initiativen wie die Globale Partnerschaft für KI (GPAI) veranschaulichen die Bemühungen, Branchen und Länder zu verbinden und eine verantwortungsvolle KI-Entwicklung voranzutreiben.

Mit Blick auf die Zukunft wird die etablierte Ordnung einer robusten internationalen KI-Governance-Architektur iterative Methoden des Dialogs, der Normsetzung, des Kompetenzaufbaus und der adaptiven Regulierung beinhalten. Sie muss flexibel bleiben, um dem technologischen Fortschritt und neuen Herausforderungen gerecht zu werden. Die Stärkung des öffentlichen Bewusstseins und die Förderung einer internationalen digitalen Bürgerschaft können Menschen weltweit befähigen, die Entwicklung der KI mitzugestalten.

Internationale Zusammenarbeit ist unerlässlich, um die transformative Kraft der KI verantwortungsvoll und gerecht zu nutzen. Durch gemeinsame Verpflichtungen, koordinierte Richtlinien und inklusives Engagement kann die Weltgemeinschaft die Fähigkeiten der KI nutzen, um kollektive Herausforderungen zu bewältigen, Grundrechte zu schützen und nachhaltige Entwicklung zu fördern. Die Bewältigung dieses komplexen Panoramas erfordert visionäre Führung, Vertrauensbildung und nachhaltige Zusammenarbeit, um sicherzustellen, dass KI in der vernetzten Welt als treibende Kraft für das Gemeinwohl dient.